KB195938

죄와 말

죄와 말

법정에 쏟아진 말들,
그 속에
숨겨진 범죄의 흔적

송영훈·박희원 지음

부크래
집은사

일러두기

모두가 주목하지만 누구도 포착하지 못한 재판의 하이라이트를 담아낸 〈노컷뉴스〉 화제의 기사 '법정B컷' 일부를 책으로 펴냈습니다.

매일 기사를 씁니다. 지금도 기자 생활을 계속하고 있다면 오늘도 별반 다르지 않은 하루를 보내고 있을 겁니다. 새로운 소식을 빠르게 전해야 하는 기사의 특성상 제가 보고 들은 모든 것을 담기엔 늘 시간적 여유도, 공간적 여유도 부족했습니다. 이는 법정에서 유독 크게 느껴졌습니다.

하나의 사건에도 수많은 '사연'이 있습니다. 누군가의 삶을 뒤흔들 수많은 판단이 오가는 그 현장에선 무수히 많은 '말'이 오갑니다. 기사에 담을 수 없는 수많은 '장면'이 눈앞에 펼쳐집니다. 그래서 기록하기 시작했습니다. 법정 속 판사, 검사, 변호사 그리고 피고인의 작은 표정부터 그들의 언어까지도요. 그리고 그것은 이야기가 됐습니다.

단 한 번도 아이를 때리지 않았고, 매달 양육을 위한 물품들을 샀고, 휴대전화에는 아이와 함께 찍은 환한 모습의 사진이 수두룩했던 엄마. 그랬던 그가 아이를 죽인 살인 혐의 피고인으로 법정에 섰습니다. 업계에서 알아주는 권위자이자 애처가였던, 모든 재산을 아내 명의로 돌려놓았던 한 남편이 돌연 아내를 살해했습니다. 그들에겐 무슨 일이 있었던 걸까요?

"내 삶은 소중하다"며 삶을 원한 피해자를 무참히 칼로 찌른 살인마. 그런 그가 법정에선 반성을 말하고 참회의 삶을 약속합니다. 법관의 오판으로 삶이 파괴된 한 남성, 국가는 법관의 오판을 인정하면서도 배상은 불가하다고 말합니다. 이처럼 인간들의 법정은 아이러니로 가득합니다.

때론 통쾌한 단죄의 이야기를, 때론 답답함 가득한 분노의 이야기를, 그리고 가슴 먹먹한 처절한 삶의 이야기를 이 책에 담았습니다.

재판은 진실에 조금이라도 더 다가가기 위한 우리 인간들의 여정입니다. 뒤엉키고 오염된 수많은 이야기를 헤치고 나가 진실에 조금이라도 다가가는 과정이죠. 지금 이 시간에도 어디선가 묵묵히 진실을 찾기 위해 힘쓰고 계실 모든 재판 관계인의 노력을 생각하며, 이 책을 시작합니다.

송영훈

2

단
죄
의
말

3

국
가
의

말

1

뽀로로 든 77세 법의학자는 단호했다

경찰은 말 없는 목격자 '혈흔'으로 답했다

그 남자의 '헤어질 결심'

가해자의 최후진술과 피해자의 탄원서

스토킹범 궤변에 판사는 호통쳤다

일하러 간 엄마와 굶어 죽은 아기

오락가락하는 살해 동기

사주한 자, 계획한 자, 실행한 자

살

인

의

말

뽀로로 든
77세 법의학자는 단호했다

재판은 진실을 찾아가는 하나의 여정이죠. 특히 형사 재판은 더욱 그렇습니다. 그날 도대체 무슨 일이 있었는지, 왜 그렇게 된 것인지 판사는 여러 자료를 토대로 그날을 향해 조금씩 다가갑니다. 이 과정에는 참 많은 조력자가 있는데, 그중에서도 단연 눈에 띄는 이들이 있습니다. 죽은 이들의 마지막 순간을 그려보는 이들, 바로 법의학자입니다.

검사와 변호사의 치열한 법리 싸움 속에서 의학적 소견으로 무장해 법정을 압도한 70대 원로학자의 이야기를 먼저 만나보겠습니다.

여자친구를 때려 숨지게 한 남자친구, 징역 7년에 항소

2020년 7월 25일 새벽, 서울 마포구의 한 오피스텔 앞에서 사건이 일어납니다. 피고인인 남성 A씨와 피해자인 여성 B씨는 연인 관계였습니다. 둘 사이에선 평소에도 크고 작은 다툼이 있었지만, 이날은 A씨가 이별을 통보하면서 물리적 충돌로 번집니다.

A씨는 B씨가 자신의 머리채를 잡자 그 순간 흥분했고, 잔혹한 폭행을 시작합니다. 오피스텔 앞과 골목길 등에서 세 차례에 걸쳐 폭행이 일어났고, 오피스텔 복도에서 4차 폭행이 시작될 즈음 B씨는 의식을 잃고 쓰러집니다. 그러자 A씨는 B씨의 상체를 움켜잡고 이리저리 끌고 다닙니다. 한동안 그렇게 끌고 다니느라 119 신고도 뒤늦게 합니다. 119가 도착했을 때 B씨는 이미 의식이 없는 상태였고, 결국 병원 이송 23일 만에 사망합니다.

오피스텔 복도에서 일어난 장면이 CCTV에 고스란히 찍혔고, 영상은 언론을 통해 보도됩니다. 분노 여론이 들끓었습니다. A씨는 곧 재판에 넘겨졌고, 1심 재판부는 A씨에게 살인이 아닌 상해치사 혐의를 적용해 징역 7년을 선고했습니다.

잔혹한 폭행으로 사람이 숨졌지만 살인이 아닌 상해치사가 적용된 배경에는 '고의성 여부'가 크게 작용했습니다. 1심 재판부는 당시 상황으로 미루어볼 때 A씨가 처음부터 B씨를 살해해야겠다는 마음을 먹고 범행했다고 보기 어렵고, 폭행 방법 역시 살인 고의가 있지 않았다고 판단한 겁니다. 실제로 B씨가 의식을 잃고 쓰러진 4차 폭행 당시 A씨는 B씨의 머리가 아닌 어깨를 밀친 것으로 조사됐습니다. 이런 이유로 A씨는 1심 재판에서 징역 7년을 선고받습니다.

그런데 A씨는 징역 7년이 과하다며 항소합니다. B씨의 사인이 자신의 폭행으로 발생한 것이 아니라 구호 조치를 하는 과정에서 발생했으며, 그래서 형량을 줄여야 한다는 겁니다.

"구하다가 머리를 두 번 떨어뜨린 겁니다"

항소심은 서울고등법원 형사6-3부가 맡았습니다. A씨 측 변호인은 항소심 시작과 함께 이렇게 주장합니다.

2022.5.11 서울고법 형사6-3부, 마포 오피스텔 데이트폭력 사건 항소심 중

변호인 ── 뇌출혈이 다른 원인으로 발생했는지 검토했습니다. 구호 조치 과정에서 피해자 머리가 바닥에 떨어지면서 충격이 있었는데 그것이 원인으로 작용했을 가능성이 크다는 취지입니다.

피해자의 사인은 척추동맥 파열로 인한 '지주막하출혈'이었습니다. A씨의 주장은 사인이 폭행 과정에서 일어난 것이 아니라 구조하는 과정에서 발생했다는 겁니다. B씨가 쓰러지자 119에 신고하기 위해 B씨의 두 팔을 잡고 끌고 옮겼는데, 이 과정에서 머리를 두 차례 복도 바닥에 떨어뜨려 충격이 가해졌고 여기서 사인인 지주막하출혈이 일어났다는 것이죠. 사인이 폭행 과정에서 발생했느냐, 아니면 구호 과정에서 일어난 것이냐는 형량에 어마어마한 영향을 주기 때문에 중요한 쟁점으로 떠오르게 됩니다.

A씨의 주장을 검증하기 위해 법의학자가 법정에 섰습니다. 국내 1세대 법의학자이자 학계 권위자인 이정빈 가천대학교 의대 석좌교수가 한 손엔 가방을, 한 손엔 종이 자료를 가득 든 채 증인석에 올라섭니다.

이 교수는 단호했습니다. 지주막하출혈은 구호 조치 과정에서 발생할 수 없다는 겁니다. A씨의 주장이 논리적으로 맞지 않다는 것이죠. 폭행 과정에서 과신전·과굴절(목이 정상 범위를 넘어 꺾이는 상황)이 일어났고, 그 때문에 척추동맥 파열로 인한 지주막하출혈이 일어났다는 것이 이 교수의 판단입니다.

검사 —— 4차 폭행에서 피해자 목에서 과신전·과굴절이 발생했고 연수(숨골)가 충격받으면서 동시에 척추동맥 파열이 일어났다는 겁니까?

이정빈 교수 —— 피해자는 3차 폭행 때까지도 움직였고, 4차 폭행이 시작될 때도 움직였습니다. 그런데 4차 폭행 중에 '푹' 하고 벽에 기대서 밑으로 흘러내리듯이 쓰러졌다는 수사 내용이 있습니다. (사인은) 그 직전에 일어났을 것으로 보입니다.

A씨는 B씨가 의식을 잃은 후 구호하는 과정에서 사인이 발생했다고 주장했지만, 이 교수는 이미 구호 과정 전에 사인이 발생했다고 판단했습니다. 사인이 발생한 시점을 A씨가 B씨의 어깨를 밀치며 때린 '4차 폭행' 당시로 본 겁니다. 경찰 수사 결과를 보면, 4차 폭행에서 A씨는 B씨를 벽으로 몰아붙이고 어깨를 밀치며 폭행했습니다.

이 교수는 B씨가 이미 3차에 걸친 폭행을 당해 저항할 힘조차 없는 상황이었고, A씨가 어깨를 밀치는 순간 목이 꺾여 사인이 발생했다고 봤습니다. 과신전·과굴절은 작은 힘에도 순간적으로 목이 꺾여 발생할 수 있는데, 긴 시간 폭행을 당해 무방비 상태였던 B씨에게 과신전·과굴절이 발생했고 그 때문에 척추동맥이 파열되면서 지주막하출혈이 일어났다는 겁니다.

그러자 재판부는 "A씨가 여러 차례 B씨를 밀치고 몸에 올라타서 폭행하는 장면도 보셨는데, 그 정도 충격으로 척추동맥 손상이 발생할 가능성은 없는가?"라고 물었습니다. 그 순간 이 교수는 가방에서 뽀로로 인형을 꺼내 들었습니다. 법정에 뽀통령 뽀로로가 교보재(교육 훈련을 위한 보조 재료)로 등장하자 재판부와 변호인은 물론 방청객들도 당황합니다. 이 교수는 뽀로로의 머리를 이리저리 흔들며 상황을 시뮬레이션하는 방식으로 설명을 이어갔습니다. 칠순이 훌쩍 넘은 교수의 열정 넘치는 설명이 이어지자 재판부는 "이런 설명을 동영상으로 남길까 합니다. 괜찮으십니까?"라며 의사를 물었고, 이 교수는 "그러세요"라고 쿨하게 답했습니다.

"출혈 원인이 명백한데 왜 다른 생각을 하라고 하십니까?"

이제 A씨 측은 이 교수의 소견을 깨야 하는 상황에 몰렸습니다. 재판 내내 다른 행위가 사인이었을 가능성은 없는지를 밝히는 데 주력했죠.

> **변호인** —— 뇌 지주막하출혈의 경우 대부분은 비외상성인 뇌동맥류가 문제인데, 뇌동맥류 가능성도 고려할 수 있는 것 아닌가요?
> **이정빈 교수** —— 아닙니다. 부검 기록을 보면 혈관 파열로 생각되는 소견이라고 돼 있습니다. 부검한 사람이 바보가 아닌 한 뇌

동맥류와 외상성 파열을 구분 못 할 리가 없습니다.

다른 가능성을 제시한 변호인의 질문에 이 교수는 다시 교보재를 꺼내 듭니다. 이 교수는 '동맥류 파열 전 사진인데 이 부위가 빵빵해져서 혈관이 굉장히 얇아진다'라며 '저 부분을 잘라서 슬라이드를 만들면 혈관이 없을 정도인데, 이것을 통해 동맥류 파열을 알 수 있다. 그런데 부검의는 그렇게 얘기하지 않고, 파열로 생각되는 소견이라고 했다. 동맥류가 아니란 말이다'라고 변호인의 주장을 일축했습니다.

변호인도 물러서지 않습니다. A씨가 피해자를 옮기는 과정에서 피해자 머리에 가해진 두 번의 충격을 다시 언급합니다.

변호인 —— 피고인이 구호하는 과정에서 피해자의 후두부와 두정부를 바닥에 각 1회씩 충격했습니다.

재판부 —— 증인(이정빈 교수)은 두정부가 아니라 측두부라고 했습니다. 제가 물어보겠습니다. 피고인 측은 단순히 순간적으로 피해자가 의식을 상실한 것이고 나중에 후두부와 측두부를 두 번 떨어뜨리는 바람에 뇌 지주막하출혈이 발생한 것 아닌지 물어보는 취지인 것 같습니다.

이정빈 교수 —— 사람 머리에는 지주막이 있고, 경막이 있고, 그 위에 뼈가 있습니다. 외부에서 쳐서 뼈가 부러지지 않으면 경막하출혈이 생기고, 더 심하면 지주막하출혈도 옵니다. 외부에서 쳤는데 지주막하출혈만 발생할 수는 없습니다.

즉, 구호 과정에서 머리를 떨어뜨려 외부 충격이 발생했다면 지주막하출혈과 더불어 경막하출혈도 있어야 한다는 겁니다.

변호인 —— 뇌 지주막하출혈 원인은 크게 내인성, 자발성, 외인성으로 구분할 수 있는데 약 20%는 원인 규명이 안 되는 자발성도 있다고 합니다. 그렇다면 내인성 원인이 확인되지 않았다고 해서 바로 외인성 지주막하출혈이라고 볼 수 있습니까?

이정빈 교수 —— 변호사님, 저는 아담과 이브의 아들이기도 하지만 제 아버지와 어머니의 아들이기도 합니다. 누가 저한테 '누구 아들인지' 묻는다면 저는 아담과 이브의 아들이라고 대답하지 않습니다. 마찬가지입니다. 명백히 드러난 출혈 원인이 있는데 왜 다른 생각을 하라고 합니까?

계속해서 다른 가능성을 묻는 변호인. 하지만 이 교수는 단호했습니다. 명확하게 보이는 원인이 있는데 왜 계속 다른 가능성을 물어보느냐고 따졌죠. 법리를 앞세워 치열한 싸움이 오가는 법정에서 의학적 전문 지식으로 무장한 그의 답은 매 순간 단호했습니다. 최소한 이날 법정에서 쏟아진 주요 장면, 그 가운데엔

이 교수가 있었습니다.

1시간 넘게 이어진 이 교수의 증언이 끝나자 재판부는 "장시간 상세히 설명해주셔서 감사합니다"라고 고마움을 표했습니다. 이 교수는 뽀로로 인형과 각종 교보재를 주섬주섬 챙겨 법정을 나섰습니다. 기자가 이 교수를 따라가 물었습니다.

"구호 과정에서 사인이 발생했을 가능성은 전혀 없을까요?"
"없습니다."

그는 마지막으로 이렇게 말하고 엘리베이터에 몸을 실었습니다.

"오늘은 살살 하려고 했는데….."

치열한 변론이 오간 이번 사건은 어떻게 끝났을까요? 결과적으로 쓰러진 피해자를 구하려다 사망에 이르게 됐다는 피고인의 주장은 인정되지 않았습니다. 하지만 동시에 피고인이 고의를 가지고 피해자를 살해하려 했다는 것도 인정되지 않았죠. 결국 1심과 2심 재판부 모두 피고인에게 상해치사 혐의로 징역 7년을 선고합니다. 그리고 피고인이 상고하지 않으면서 이 재판은 2022년 7월, 징역 7년이 확정돼 마무리됐습니다.

경찰은 말 없는 목격자
'혈흔'으로 답했다

국내 대형 법률사무소 소속의 미국 변호사가 법정에 섰습니다. 이번엔 변호사가 아니라 아내를 때려 숨지게 했다는 혐의를 받는 '피고인' 신분으로요. 법조인인 그는 여느 살인 혐의 피고인들처럼 '고의가 없었다'고 주장합니다. 죽일 생각은 없었다, 혹은 사망할 줄 몰랐다는 말이죠.

경찰 과학수사대가 그의 말을 조목조목 반박한 그날의 법정으로 가보겠습니다. 반박의 중심에는 '말 없는 목격자'라고 불리는 혈흔이 있었습니다.

"살인 고의 없었다"

미국 변호사, 정확히는 미국법 자문사인 A씨는 2023년 12월 3일 서울 종로구의 한 아파트에서 이혼 소송으로 별거 중이던 아내를 둔기로 때리고 목을 졸라 살해한 혐의로 붙잡혔습니다. A씨는 재판에서 살인 고의가 없었다며 자신에게 적용된 살인 혐의를 부인합니다. 살인이 아닌 상해치사 또는 과실치사를 적용해야 한다는 논리죠.

그렇게 공판이 시작됐고, 2024년 3월 19일 서울중앙지법 형사합의21부 법정은 방청객으로 가득 찼습니다. 대부분은 피해자의 유족들이었죠. 분노가 법정을 가득 채운 채 재판이 열렸고, 재판부는 먼저 방청석을 향해 말을 건넵니다. 별안간 가족을 잃어 황망하고 분노한 유족들에게 재판 시작에 앞서 전하는 당부의 말이었죠.

2024.3.19 서울중앙지법 형사합의21부, 아내 살해 변호사 공판 중

재판부 —— 여러분이 피고인의 어떠한 행동, 변호인의 어떠한 한마디에 굉장히 크게 반응을 보이십니다. 엄벌 탄원서를 읽어 보면 제가 신경 쓰지 못한, 재판부가 신경 쓰지 못한 부분에 대해 '이렇게 반응하시는구나' 생각이 듭니다.

다만 법정에서는 그걸 억누르셔야 합니다. 피고인의 죄상을 밝히는 것이 이 법정의 의무이듯이 피고인의 변명을 듣는 것도 법정의 의무입니다. 일희일비하지 마시고 감정적 동요에 자신이 먹혀 들어가는 것을 멀리해주시길 바랍니다.

피고인의 변명을 듣는 것도 법정의 의무라고 밝힌 재판부, 그렇게 재판이 시작됐고 서울경찰청 과학수사대 소속 경찰이 증인으로 나섭니다. 범행이 벌어진 종로구 아파트 현장을 감식한 담당자였죠.

A씨는 범행 당시 상황을 이렇게 설명합니다. 자신과 피해자 간에 몸싸움이 벌어지자 고양이 장난감으로 폭행하고, 저항하는 피해자를 제압하기 위해 목을 누른 것이라고 말이죠. 특히 목을 조른 것이 아니라 누른 것이라고 강조합니다. 참고로 고양이 장난감은 쇠로 만들어진 막대 형태의 둔기였습니다.

살인 고의가 없었다는 A씨의 주장. 범행 현장을 감식한 과학수사대는 어떻게 봤을까요?

검사 —— 혈흔은 어디서 발견됐습니까?

경찰 —— 작은방 앞쪽과 작은방에서 크게 확인됐고 벽면과 서랍장, 천장까지 튀었고요. 후방 휘두름 이탈 혈흔●도 발생했습니다.

검사 —— 거실 통로와 작은방 좌우 벽면, 작은방 내부…, 서랍장은 어디에 있었습니까?

경찰 —— 장식장 같은 것이 있었습니다. 제가 마지막으로 현장을 나오기 전에 피고인 유전자를 채취하는 과정에서 몇 개 물어봤습니다.

검사 —— 기억나는 것이 있습니까?

경찰 —— 제가 현장에 있던 혈흔을 보니 피해자는 낮은 자세, 피고인은 높은 자세였습니다. 피고인이 '피해자가 제압이 안 돼서 손으로 목을 누르면서 머리를 가격했다'고 얘기해서 혈흔 형태와 (진술이) 일치한다고 봤습니다.

검사 —— 피고인이 손으로 피해자 목을 누르면서 쇠파이프를 휘둘렀다고 진술했습니까?

경찰 —— 네.

검사 —— 증인이 말한 '얼굴에서 나타난 특이점'은 목을 어느 정도 눌렀을 때 발생합니까?

경찰 —— 정확한 것은 어렵지만 목을 맨 변사에서 많이 관찰됩니다. 체중까지는 아니어도 상당히 많은 압력을 실어야 합니다.

● 둔기 등을 휘두르면 둔기가 포물선을 그리며 움직이게 되는데, 이 과정에서 둔기에 묻은 피가 원심력에 의해 방사 형태로 뻗어나가며 남긴 흔적을 말한다.

경찰은 A씨가 피해자를 거실에서부터 폭행하기 시작해 작은 방까지 따라가 둔기를 휘두른 것으로 봤습니다. 검찰도 A씨가 바닥에 누워 있는 피해자의 목을 졸라 숨지게 한 것으로 봤고요. 이를 증명하려는 검사의 질문이 이어집니다.

검사 —— 혈흔의 방향, 최종 위치를 보면 (피고인이 폭행하며) 거실에서 작은방으로 들어간 것으로 보이는데, 맞나요?

경찰 —— 네. 그렇게 추정됩니다.

검사 —— 현장에서 바닥이 아닌 문이나 벽에서 발견된 혈흔 중에 뭉개진 형태를 확인한 것이 있나요?

경찰 —— 뭉개진 형태라면 어떤 것을 말하는 건가요?

검사 —— 혈흔이 튀었는데 누가 접촉해서 혈흔이 번졌거나 그런 형태 말입니다.

경찰 —— 벽면 쪽에선 그런 것을 못 봤습니다.

검사 —— 검시 사진을 제시합니다. 목 부위인데 상처를 보면 상당한 힘이, 상당 시간 가해진 것으로 보이는데, 맞나요?

경찰 —— 동일하게 생각합니다. 조흔이라고 하는 손톱자국도 확인됩니다.

검사 —— 피해자가 서 있는 상태에서는 이 정도 상처를 내기 쉽지 않을 것으로 보이는데요?

경찰 —— 네. 맞습니다.

검사 —— 만약 피해자가 서 있는 상태에서 피고인이 목을 졸라서 상당한 힘을 가한 경우라면, 피해자가 벽이나 구석에 몰려 있는 상황에서나 이 정도 힘이 가해질 수 있을 것으로 보이는데요. 현장 벽면에선 혈흔이 뭉개지거나, 피해자 머리에서 나온 피가 벽면에 뭉개진 형태로 있는 것은 발견되지 않았죠?

경찰 —— 네.

A씨는 피해자를 제압하기 위해 그저 누른 것이라고 주장했습니다. 하지만 검사는 누른 것이 아니라 누워 있는 피해자의 목을 매우 강한 힘으로 조른 것이라고 판단한 겁니다.

이번엔 A씨 측 변호인이 질문에 나섭니다. A씨가 목을 누른 행위로 피해자가 사망했다고 단정할 수 없다는 것이 A씨 측의 주장입니다.

변호인 —— 목이 졸려 사망한 경우에는 설골(목뿔뼈)이 쉽게 부러지죠?

경찰 —— 네.

변호인 —— 부검 결과 설골 골절이 확인되지 않았고 목 부위 손상 상황에 대해 부검의의 소견만으로는 단정하기 어렵다고 판단된 것도 알고 계시죠?

경찰 —— 네.

변호인 —— 설골 골절이 확인되지 않는다면 강한 힘으로 목을 졸랐다고 볼 수 없는 것 아닌가요?

경찰 —— 부검 결과에서 경부압박 질식과 두부 손상 둘 다 확인됐습니다. 꼭 설골 골절로 사망하는 것은 아닙니다. 경부압박 질식 중에는 경부가 압박되는 과정에서 뇌로 가는 혈액이 끊겨서 사망에 이르는 것도 있습니다. 설골 골절만으로 죽는 것은 아니지 않습니까? 설골 골절은 과정 중에 개연성 있는 단서일 뿐이지 꼭 연관된다고 할 수는 없습니다.

변호인 —— 손으로 목을 졸랐다고 단정하기에는 흔적이 명확하지 않잖아요?

경찰 —— 경부압박 질식사에서 발견되는 손상으로 보기에 충분했습니다. 양손으로 졸랐다고 하기에는 부족할 수 있지만 한 손으로 눌렀다, 졸랐다고 보기에는 충분했습니다.

말 없는 목격자, 혈흔

변호인과 경찰의 질문과 답변이 계속 이어집니다.

변호인 —— 살해할 정도로 강하게 상당 기간 목을 조른 경우에는 (가해자의) DNA가 검출되는 경우가 다수 존재하죠?

경찰 —— 피해자가 현장에 그대로 있었다는 전제하에 채취하면 가능합니다. 일반적인 사건에서는 맞습니다. 다만 이 사건은 저희가 도착하기 전에 119에서 응급조치하는 과정에서 식염수 등 여러 물질이 개입했기 때문에 훼손됐을 가능성이 큽니다. 모든 사건에서 이렇다고 하는 것은….

재판부 —— '일반론에 대입하는 것은 적절하지 않은 것 같다' 이정도로 정리하겠습니다.

살인 혐의를 적용한 검찰과 살인 고의가 없었다는 A씨의 주장이 충돌하는 상황에서 과학수사대 소속 경찰이 또 하나의 중요한 증언을 내놓습니다. 바로 혈흔의 형태였습니다.

재판부 —— 이탈 혈흔의 위치나 크기 등에 따라서 피해자에게 가해진 충격의 강도를 추정할 수 있습니까?

경찰 —— 네. 이탈 혈흔이라고 말하는 큰 그룹에서 벗어난 비산흔(飛散痕)이 발견되는데 고속, 중속, 저속으로 구분합니다. 고속일수록 혈흔이 작고 가늘게 나타납니다. 현관과 작은방 문을 기준으로 이탈 혈흔이 굉장히 작은 고속 비산 혈흔으로 나타났습니다.

고속 비산 혈흔은 강한 힘으로 내려쳐야 나옵니다. 후방 휘두름 이탈 혈흔 역시 매우 작게 나타났습니다. 뒤로 휘두르는 과

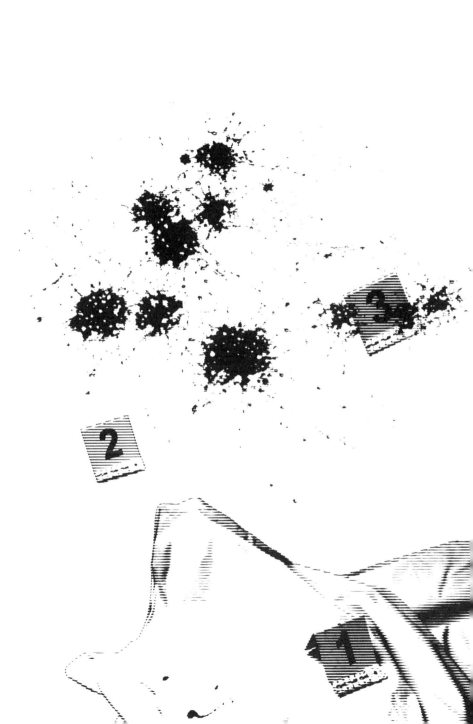

정에서도 굉장히 강하게 휘두른 것으로 보입니다.

경찰은 작고 가늘게 튀어 나간 '고속 비산 혈흔'을 근거로 A씨가 둔기에 상당한 힘을 실어 피해자를 폭행한 것으로 판단했습니다. 일반적으로 둔기를 휘두를 때 팔이 등 뒤로 젖혀졌다가 앞으로 나아가는데, 이때 '후방 휘두름 이탈 혈흔'이 발생합니다. 그런데 이 혈흔 역시 작은 형태였다는 것이 경찰의 설명입니다. 물방울이 맺힌 어떤 물체를 빠른 속도로 휘두를수록 물방울 입자가 작게 날아가는 것을 상상하면 이해하기 편할 겁니다.

변호인 —— 비산 혈흔과 이탈 혈흔 구분이 모호할 수 있고요. 머리카락을 흔들거나 피가 튀거나 여러 가지 과정에서도 혈흔이 날아갈 수 있죠?

경찰 —— 머리카락을 흔든다는 것이 무슨 뜻일까요?

변호인 —— 격렬하게 저항하는 과정에서 피가 튀는 경로는 다양할 수 있지 않나요?

경찰 —— 그런 행위가 없었다고 판단한 이유는 혈흔의 방향성이 일치하고 좌우 방사 형태로 퍼진 형태로 관찰됐기 때문입니다. 머리를 흔들었다고 하면 한쪽으로 퍼져야 하는데 그렇지 않았고, 두부 출혈 상태에서 때렸다고 보면 자연스러운 형태입니다. 그래서 가격 행위라고 봤습니다.

재판 내내 경찰 과학수사대의 답변은 단호했고 중요한 근거는 '말 없는 목격자' 혈흔이었습니다. 목을 조른 상태에서 폭행이 있었던 것으로 보이고, 목 조름은 물론 둔기를 휘두를 때도 강한 힘이 실렸다는 것이 경찰 과학수사대의 판단이었습니다.

이날 공판에서 A씨 측은 현장에 출동한 서울종로경찰서 경찰들이 진술거부권 등을 고지하지 않았다며 절차상 하자도 제기했습니다. 위법수집증거라는 주장이죠. 진술거부권을 고지하지 않은 채 이뤄진 증거 수집, 진술 수집 등은 모두 증거로 인정되지 않습니다.• 또 'A씨가 목을 졸랐다고 진술했다'는 취지로 적힌 경찰 수사보고서에 대해서도 그런 진술을 한 적이 없다며 부인했습니다. 경찰은 긴급체포 당시 미란다 원칙도 고지했고 모든 절차를 지켰다고 맞섰죠.

A씨가 살인 고의를 강하게 다투고 있는 가운데, 이젠 법의학자가 증인으로 나섭니다. 혈흔에 이어 이번엔 또 어떤 말 없는 목격자가 등장할까요?

• 이에 대해서는 다음의 판례를 참고할 수 있다. "피의자의 진술거부권은 헌법이 보장하는 형사상 자기에게 불리한 진술을 강요당하지 않는 자기부죄거부(自己負罪拒否)의 권리에 터잡은 것이므로 수사기관이 피의자를 신문함에 있어서 피의자에게 미리 진술거부권을 고지하지 않은 때에는 그 피의자의 진술은 위법하게 수집된 증거로서 진술의 임의성이 인정되는 경우에도 증거능력이 부인되어야 한다."

법의학자가 본 진짜 사인은 따로 있다

2024년 4월 2일 서울중앙지법 형사합의21부 법정에 서울대학교 의과대학 유성호 교수가 증인으로 출석했습니다. 여러 방송을 통해 얼굴이 잘 알려진 유명 법의학자죠. 살인 고의를 부인하는 A씨의 주장을 깨기 위해 지난 기일에는 서울청 과학수사대 소속 경찰을 증인으로 불렀던 검찰이 이번에는 유성호 교수를 증인으로 신청한 겁니다. 반면 A씨 측은 자신들의 주장에 힘을 실어줄 증인을 구하지 못했습니다. A씨 측은 다른 법의학자를 증인으로 부르려고 했지만, 거절당했다고 합니다. 재판부는 A씨 측에 불편한 심기를 드러냅니다.

2024.4.2 서울중앙지법 형사합의21부, 아내 살해 변호사 공판 중

재판부 —— 오늘 원래 검찰 측 의견서를 작성하신 유성호 교수와 변호인 측에서 전문가로 신청한 B교수에 대한 증인 신문이 진행될 예정이었는데, 저희는 두 교수님의 대질도 진행하겠다고 생각하고 기일을 지정했어요. 그런데 피고인 측이 증인 신청을 하긴 했는데, B교수가 증언을 거부하셨나 봐요?

변호인 —— (고개를 끄덕거림)

재판부 —— 저희가 이 사건만 재판을 하는 것도 아니고, 이 사건 때문에 하루를 비워놓았습니다. 저희 재판부는 일주일에 전일(全日)을 재판하고 있습니다. 증인 신문이 안 되면 미리 연락을 주셨어야 저희가 기일을 변경하거나 다른 사건을 하죠. 저희가 연락하기 전에 피고인 측은 어떤 말도 안 하셨어요. 재판부에서 확인하려고 전화하니까 그제야 어렵다고 했고요. 재판을 진행해야 하는 입장에선 난처하고 당황스럽습니다.

이제 유성호 교수가 증인석에 올라 그날 살인 현장에 대한 자신의 의견을 말하기 시작합니다.

검사 ⎯⎯ 최초 가격과 관련해서 피고인이 안방과 작은방 사이 거실에서, 작은방을 마주 본 상태에서 최초 가격한 것으로 추단(推斷)했는데 이유가 무엇입니까?

유성호 교수 ⎯⎯ 안방과 작은방 사이 바닥 면에 '낙하 혈흔'이 있었고, 거실에서 가해자가 안방을 등진 채 최초 가격했다고 추정한 이유는 A구역(작은방과 안방 사이 복도)에 '낙하 연결 혈흔'이 있었고 작은방 문과 오른쪽 벽면에 '충격 비산 혈흔'이 있었기 때문입니다.

검사 ⎯⎯ 최초 가격이 있고서 작은방으로 이동한 후 벌어진 행위에 대해 주저앉은 피해자를 2회 이상 가격했다고 판단한 근거는 무엇입니까?

유성호 교수 ── 혈흔을 분석할 때 '정지 이탈 혈흔'이 있었습니다. 또 휘두르면서 혈액이 천장으로 이탈한 '비산 혈흔'이 여러 개 발견됐습니다. 최소한 휘두름 정지 이탈, 비산 이탈이 있었고 2회 이상 가격이 있지 않았을까 생각합니다.

검사 ── 작은방 문 사진입니다. 여기 주변에도 충격 비산 혈흔, 정지 이탈 혈흔이 있는데 여기서도 추가 공격이 있었던 것인가요?

유성호 교수 ── 네. 충격 비산 혈흔은 친 데를 또 치는 것이고, 정지 이탈 혈흔은 한 번에 휙 지나가는 것인데 (이게) 다수 발견됐다는 것은 작은방 문 근처에서도 공격이 있었다고 봐야죠.

유성호 교수가 판단한 그날의 상황은 끔찍했습니다. 움직이던 물체가 정지할 때 떨어져 나오는 혈흔인 '정지 이탈 혈흔'이 현장에서 다수 발견된 것으로 보아 수차례의 휘두름이 있었다는 것이죠. 앞서 언급했듯이 현장에서 발견된 범행 도구는 쇠파이프로 된 고양이 장난감이었습니다.

검사 ── 마루 부위(두정) 등 머리에서 7개 이상 찢긴 상처가 발견됐습니다. 서로 다른 7개의 열창은 서로 다른 7개의 가격이 있었다는 것인가요?

유성호 교수 ── 네. 그렇습니다.

검사 —— 머리 부위에 난 상처를 보면, 머리 부위를 가격할 때 강도는 얼마나 됐을까요?

유성호 교수 —— 둔체 가격이 있을 때 머리가 찢어지는 정도면 굉장히 강한 힘으로 머리를 가격해야 합니다. 7번 이상 머리를 둔체로 강하게 가격했다고 볼 수 있습니다.

수차례 이어진 쇠파이프 가격과 그로 인해 생겨난 수많은 혈흔. 하지만 그럼에도 유 교수가 본 진짜 사인은 액사, 바로 '목 조름'이었습니다. 그의 설명이 시작됩니다.

검사 —— 피해자의 목 부위 사진입니다. 목 부위를 어느 강도로 조른 것으로 추정됩니까?

유성호 교수 —— 조흔이라고 해서 손톱으로 강하게, 반달 모양으로 표피 박탈이 있었습니다. 멍도 들었고요. 손끝으로 누른 것인데 그게 여러 개면 굉장히 강력하게… 저 정도면 굉장히 강한 분노에 찼을 때 할 수 있는….

검사 —— 여러 부위를 강하게 눌렀다는 것인가요?

유성호 교수 —— 피해자가 깨어나서 목을 움직일 수도 있고, 무의식중에도 깰 수 있는데 그럴 때 여러 번 (부위를) 바꿔가면서 강하게 압박한 것으로 보입니다.

검사 —— 피해자에게서 다수의 일혈점(내출혈로 인해 피부에 얼룩지게 나타난 점)도 발견됐습니다.

유성호 교수 —— 목을 조르면 사망하는 이유가 동맥이나 정맥이 막혀서입니다. 정맥이 바깥에 있고 동맥이 안쪽에 있는데 목을 누르면 정맥부터 압박돼 피가 얼굴에 모이게 됩니다. 그러면 작은 모세혈관이 터지면서 얼굴, 눈꺼풀 점막에 붉은 점이 생기는데 형사들은 이를 일혈점이라고 부릅니다.

목을 강하게 잡고 여러 군데를 압박하면 여러 곳을 다칠 수 있습니다. 여러 번 조른 겁니다. 피해자가 몸을 움직였을 수도 있고, 가해자가 분노에 차서 여러 번 압박했다고 볼 수도 있습니다.

"흉기가 아니라 선기인가요?"

피해자의 목을 조른 행위에 대해서 A씨 측은 제압하기 위해서 목을 누른 것뿐이라고 계속 주장합니다. 피해자를 사망에 이르게 할 정도로 목을 조르지 않았다는 것인데, 유 교수는 어떻게 봤을까요?

검사 —— 피고인은 피해자 목을 눌러서 제압하는 정도만 했다고 주장하고 있습니다. 피해자 뒤편에 바닥이나 벽면이 없는 상황에서, 피해자가 움직일 수 있는 상황에서도 이런 상처가

가능합니까?

유성호 교수 —— 그냥 누른 것이라고 말하고 있다는 것이죠?

검사 —— 네. 피해자를 넘어뜨리거나 그러기 위해서 한 것이라면… 이 정도 상태가 나올 수 있습니까?

유성호 교수 —— 목 안쪽에 출혈이 여러 군데에 있습니다. 복장목뿔근과 복장방패근, 방패목뿔근, 이건 목 안쪽 근육입니다. 이건 눌렀다고 생기는 것이 아닙니다. 정맥 압력 증가와 목 깊은 근육들에 다 출혈이 있는데 헐크도 아니고… 그냥 잡아서는 안 생깁니다.

경부에 압박이 있는 상태로밖에 볼 수 없습니다. 이건 누구한테나 물어봐도 그렇습니다. 이건 아니죠. 그렇게 얘기할 수 없어요…. 복장목뿔근과 복장방패근, 방패목뿔근에도 출혈이 있다고 부검감정서에 있는데 웬만해서는 그렇게 나오지 않습니다. 그냥 목을 압박한 것이라고 다투기는 어려워 보입니다.

제압할 정도로 목을 졸라서는 이런 상처가 나지 않는다는 것이 유 교수의 판단이었습니다.

그리고 유 교수는 피해자의 헤모글로빈 농도를 결정적 근거로 들며 '둔기 폭행이 아닌 액사로 사망한 것'이라고 말합니다. 피해자가 병원에 실려 왔을 당시 피는 많이 흘렸지만 헤모글로빈 농도는 정상 범위였다는 겁니다. 쉽게 말해 사망에 이를 정도로 피를 흘린 상태는 아니었다는 말입니다.

유성호 교수 ___ 개인적으로 저는 사인을 액사로 봅니다. 헤모글로빈 농도를 측정했는데 12.5g/dL로 나왔습니다. 혈흔 등이 잔혹하게 보이긴 하지만 죽을 정도는 아니었다는 겁니다. (사람이) 저혈량 쇼크로 사망하려면 가지고 있는 피의 20%를 잃어야 합니다. 저는 15~20%로 이야기하는데, 1~1.5L를 흘려야 하는데 그 정도는 아니었습니다. 뇌도 크게 다친 것이 없다고 부검감정서에도 있고요. 쇠파이프로 때린 것은 잔혹하지만 사망에 이를 정도는 아니었습니다.

혈색소가 12.5g/dL이라는 것은 피를 많이 안 흘렸다는 겁니다. 그럼 왜 죽었는가? 목을 졸라서라고 생각합니다. (윤 일병 사건에서) 윤 일병의 경우는 7g/dL이었습니다. 또 피해자의 신장이나 여러 장기가 창백하지 않았습니다. 저혈량 쇼크가 사인이었다면 창백해야 합니다.

저기 (자료를) 보면 피해자의 혈색소 농도가 12.5g/dL인데 정상치가 12~15g/dL입니다. 폭행이 잔인했지만 그때는 안 죽었다는 겁니다. 빨리 신고했다면⋯.

(방청석에서 오열의 목소리 터져 나옴)

변호인의 질문이 시작됩니다. 변호인은 유 교수가 의견서에 적은 '흉기'와 '피신'이란 단어에 아주 민감하게 반응합니다. 법리를 다루는 변호인 입장에선 민감할 수 있는 단어들이죠.

앞서 언급한 것처럼 변호인 측은 재판 내내 피해자를 때린 물건은 '집 안에 있던 고양이 장난감'이란 점을 강조했습니다. 집 안에 있던 고양이 장난감으로 때린 것과 미리 준비한 흉기로 때린 것은 형량에서 아주 큰 차이가 생기죠. 우발성을 다툴 수 있기 때문입니다.

변호인 ── 증인은 망인이 작은방으로 피신했다고 기재한 것이 맞죠?

유성호 교수 ── 네.

변호인 ── 혈흔 분석만으로…. 방문 앞에서 공격을 받고 피신했다는 자료나 진술도 없습니다. 이걸 피신이라고 단정한 이유가 무엇인가요?

유성호 교수 ── 피신이 몸을 피한다는 뜻 아닌가요? 이동했다는 것을 피신이라고 할 수 있죠.

재판부 ── 지금 변호인은 '검찰은 피신했다는 단어를 안 썼는데 증인이 피신이란 단어를 쓴 이유가 무엇인지' 묻는 겁니다. 피해자가 도망쳤을 것이라는 의미에서 쓴 것인가요?

유성호 교수 ── 그러니까 제 주관적 표현이라는 것이네요? 피신했겠죠. 피신이란 단어에 대해서 제가 큰 생각은 안 해봤는데,

그러면 (가해자가) 때리고 끌고 다니고, 때리고 끌고 다니고 한 것인가요? 피신 말고 어떤 단어를 써야 하나요? (중략) 지금 변호인이 피신과 흉기란 단어에 표시를 해주셨는데요. 그러면 그건 흉기가 아니라 선기(善器)인가요?

변호인 —— 원래 흉기로 제작된 형태가 아닙니다. 피고인의 잘못을 부인하는 것이 절대 아닙니다. 다만 그건 고양이 장난감이라는 겁니다.

유성호 교수 —— 그건 저는 큰 관심 없고요.

이번엔 변호인이 부검의가 본 사인과 유 교수가 판단한 사인이 다르다는 점을 지적합니다. 부검의는 사인으로 출혈에 의한 쇼크를 꼽았는데 유 교수는 왜 액사를 사인으로 지목했냐는 겁니다. A씨 측이 이렇게 사인에 집중하는 이유는 고양이 장난감 (쇠파이프)으로 때려 숨지게 한 것과 목을 직접 졸라 살해한 것 역시 형량에 영향을 줄 수 있기 때문인 것으로 해석됩니다.

변호인 —— 시신 부검 결과를 객관적으로 기록한 (부검의의) 부검 감정서에는 출혈에 의한 쇼크사를 주된 사인으로 기재했는데, 이를 검토한 증인은 좀 다른 세컨드 오피니언을 내셨네요? 부검감정서와 달리 목을 졸라 살해했다고 단정한 이유는 혈색소 농도 때문인가요?

유성호 교수 ── 네.

변호인 ── 그거 한 가지인가요?

유성호 교수 ── 그럼 뭐가 더 필요해요? 저한테 말해주세요. 머리에 피가 나면 사람들이 다 두려워하는데 사실 잘 안 죽습니다.

변호인 ── 혈중 헤모글로빈 수치를 토대로 '쇼크로 인한 사망으로 보기 어렵다'고 단정하기도 어려운 것이죠?

유성호 교수 ── 생각해보세요. 질식이 먼저였다면 질식한 사람을 끌고 다니면서 때렸다는 것인가요?

변호인 ── 저는 사인을 단순하게 보지 않고, 혈중 헤모글로빈이 높다는 것 하나만으로 다른 사인을 배제할 수 있냐는 겁니다. 그래서 부검의도 그렇게 기재한 것 아닙니까?

유성호 교수 ── 의견이 다를 순 있죠. 전 계속 개인적 의견이라고 말했습니다.

변호인 ── 결국 부검 결과는 피고인이 피해자를 살해하기 위해서 계속해서 목을 졸랐다고 단정할 수 없다는 것이죠?

유성호 교수 ── 단정 못 한다는 말도 없죠. 사망 원인은 하나만 써야 해요. 저렇게 쓰는 것은 개인적으로 반대합니다. 사망 원인은 하나여야 하고 일관된 스토리가 있어야 합니다.

액사가 사인이 아니라고 주장하는 변호인의 질문에 유 교수는 단호했습니다. 저혈량 쇼크로 사망할 경우 콩팥 등 장기가 창백해지는데, 피해자의 장기는 빨갛다는 말도 덧붙였죠. 유 교수는 마지막까지 "목 손상이 이 정도인데 살아나서 머리를 맞았다? 그걸 설명할 길이 없습니다. 아무리 봐도 이건 저혈량 쇼크가 사인이 아닙니다"라고 말하고 법정을 떠났습니다.

사인을 지목한 법의학자, 다른 가능성을 계속해서 제기하는 변호인. 그날의 진실은 무엇이었을까요? 경찰 과학수사대와 법의학자, 그리고 변호사의 설전이 벌어진 이 재판은 어떤 결과로 마무리됐을까요?

재판부는 살인 고의가 없는 우발적 범행이었다는 A씨의 주장을 인정하지 않았습니다. 범행 당시 상황이 녹음된 음성 파일이 공개된 것이 결정적이었습니다. 살려달라는 피해자의 목소리, 이를 무시하고 범행을 이어간 A씨의 목소리가 고스란히 담겨 있었죠.

재판부는 "피고인이 이성을 잃어 살인에 이르게 됐다고 주장하나 음성 파일을 들어보면 쇠파이프 구타가 2~3분간 이어지고 누워 있는 피해자를 주먹으로 구타하고 중간중간 피고인이 쉬는 형태를 보면 순간적, 감정적으로 격분해 우발적으로 살인했다는 주장을 받아들일 수 없다"라고 판단했습니다.

잔혹하게 살해한 후 고의가 없었다고 주장한 그였지만, 1심 재판부에서 징역 25년을 선고받았습니다. 얼마 뒤, A씨는 판결에 불복해 항소했습니다.

그 남자의
'헤어질 결심'

법정을 돌아다니다 보면 같은 범죄자여도 멀리하고 싶은 사람이 있는가 하면 유독 마음이 가는 범죄자가 있습니다. 사연 없는 범죄는 없다고 해야 할까요? 이번 피고인이 그런 사람이었습니다. 살인 혐의를 받고 있는 피고인은 이에 대해 딱히 부인도, 변명도 하지 않았습니다.

간병살인의 가해자가 피고인으로 법정에 섰다면 여러분은 어떤 판결을 내리겠습니까? 이번에는 참작 사유가 충분해서 정상참작으로 실형은 피할 수 있을 것 같은 사건을 들여다보겠습니다.

간병인이 된 건축가의 송두리째 바뀐 삶

피고인은 업계에서 꽤 알려진 건축가였습니다. 부동산 등 재산 대부분을 아내 앞으로 해둔 공처가이기도 했고요. 자식은 없지만 금실 좋은 부부로 수십 년간 함께해왔는데, 아내가 폐암 4기 진단을 받으면서 이들에게 불행이 시작됐습니다.

피고인은 아내의 폐암 진단 직후 건축사무실에 나가는 대신 병원으로 출근했습니다. 그렇게 6년이 지났지만 암세포는 아내의 온몸, 뼈와 뇌로 전이됐습니다. 항암 치료를 받던 중 아내에게는 파킨슨병과 뇌전증, 간질, 치매까지 찾아왔고 종양내과 등 10여 개 과목에서 진료를 받아야 했습니다. 이쯤 되면 짐작이 가시나요? 결국 피고인은 아내의 부탁으로 '살인'을 감행할 수밖에 없었습니다. 스위스에 있는 안락사 조력 단체도 알아봤지만 파킨슨병을 앓는 아내는 안락사가 불가능했습니다.

이 사건의 피고인 신문은 피고인의 범죄를 정당화하는 데 초점이 맞춰졌습니다. 사랑하는 아내가 죽여달라고 해서, 사랑하는 아내가 더는 고통받고 망가지는 걸 볼 수 없어서, 절대 재산을 노리거나 다른 의도가 있어서 죽인 것이 아니다, 변호사의 주된 방어 논리였습니다. 변호인은 피고인의 아내가 보인 증상을 구체적으로 묘사하는 데도 주력했습니다. 스스로 걸을 수 없었고, 잇몸이 괴사해 음식을 먹을 수도 없었으며, 왼쪽 눈의 시력을 거의 잃었고, 수시로 넘어져 온몸에 멍이 없는 날이 없었다는 처참한 증상에 대해서요.

2023.9.6 서울중앙지법 형사합의33부, 치매 아내 살인 공판 중

변호인 —— 아내는 여러 차례 "죽고 싶다"고 말했죠?

피고인 —— 네. 여러 번 얘기했습니다.

변호인 —— 2~3년 전 아내는 자기를 스위스로 보내 안락사를 시켜달라고 했죠? 그때 아내는 스위스에 있는 안락사 조력 단체를 알아봤죠?

피고인 —— 네. 그때 심각하다는 생각은 안 했습니다.

변호인 —— 나중엔 인지 장애로 인해 안락사 조력 단체를 이용하지 못하게 된 걸 알고 후회했죠?

피고인 —— 그 후 아내가 낙심했습니다. 저는 고민했고요.

변호인 —— 고민이라는 게 뭐죠?

피고인 —— 집사람이 혼자 죽으면 저 혼자 남게 되는 게 두려웠고 싫었습니다.

변호인 —— 피고인도 같이 죽을 결심을 했죠?

피고인 —— 네.

변호인 —— 스위스에서 안락사를 하면···.

피고인 —— 나중에라도 따라가서···. (말을 잇지 못함)

변호인 —— 우리나라에서 안락사가 허용되면 둘 다 사용했을 거죠?

피고인 —— 기본적으로는, 네.

변호인 —— 인지 장애는 아내가 가장 두려워하던 증세죠? 피고인에게 "여보, 난 암으로 죽고 싶지 않아"라고 말하며 흐느끼곤 했죠?

피고인 —— 서너 번 그런 말을 했고, 그 말 듣는 게 제일 괴로웠습니다.

아내의 친정 식구들을 포함해 주변에서 요양병원 입원을 권유한 것 역시 변론의 주안점이었습니다. 피고인은 아내를 요양병원에 보내지 못했습니다. 장인어른이 요양병원에 입원한 지 얼마 되지 않아 병세가 악화돼 유명을 달리한 일을 직접 겪었기 때문입니다. 장모를 제외한 다른 가족 누구도 딱히 간병을 돕지 않았습니다. 간병은 오로지 피고인의 몫이었습니다.

변호인 —— 치매요양병원을 서너 군데, 시설 서비스를 문의했지만 모두 회의적이었죠?

피고인 —— 그렇습니다.

변호인 —— 아내는 치매·망상 증상이 심하고 피고인 외 누구의 수발도 거부했는데 그런 아내가 24시간 간병인을 참아낼 수 있을지 회의적이었죠?

피고인 —— 네. 장모 수발도 거부했습니다.

변호인 —— 치매요양병원에 보내는 것은 아내를 포기하고 버리는 거라고 생각했죠?

피고인 —— 네. 장인어른이 돌아가셨을 때 시설에 대해 좋지 않은 기억이 생겼습니다. 집사람을 그런 곳에 보내면…, (아내가) 너무 불쌍했습니다.

보통 형사 사건의 변호인은 범행 동기와 과정 등을 자세히 묘사하지 않습니다. 오히려 검찰 측에서 피고인의 잔혹성을 강조하기 위해 언급하는 경우가 많죠. 하지만 이 사건 변호인은 이례적으로 피고인이 범행을 저지른 그날, 피고인의 인생이 송두리째 바뀐 그날에 대해 자세히 묻습니다.

변호인 —— 아내는 파킨슨병이 악화되면서 체력 저하로 매일 넘어졌죠? 아내 다리와 무릎 아래는 멍투성이였고, 매일 붉은색 새 멍이 들었죠? 새 멍을 볼 때마다 너무 슬프고 화났죠?

피고인 —— 네.

변호인 —— 절망감 때문에 같이 죽을 생각으로 이번 범행 일주일 전부터 유서를 작성해 조금씩 수정하고 아내 옆에서 읽어준 적이 있죠? 아내는 아무 말 없이 눈물을 흘렸죠?

피고인 —— 네, 말은 안 하고 하염없이 눈물만….

변호인 —— 피고인이 유서는 썼지만 범행을 실행에 옮기지 못했는데, 마지막 날 아침 아내가 넘어져서 혹이 난 것을 보는 순간 이성을 상실해서 범행에 이르렀죠?

피고인 —— 네. 확 도는 느낌이었습니다.

변호인 —— 4월 26일 범행 당일 아침 아내가 침대에서 일어나다가 피고인 눈앞에서 넘어졌고, 눈가에 혹이 생겼죠? 피고인이 아프지 않냐고 물었는데 아내는 아무 소리를 내지 않았죠?

피고인 —— 그래서 너무 마음이 아프고 화가 났습니다.

변호인 —— 피고인은 이성의 끈이 끊어져서 아내가 고통을 겪는 일은 여기서 끝내야 한다고 결심했죠?

피고인 —— 네.

변호인 —— 아내의 숨이 끊어질 때 안으면서 "여보, 미안해. 하지만 더 이상 아프지 않을 거야. 사랑해"라고 속삭였죠? 아내의 고통을 멈추게 하는 거였고, 아내를 사랑하지 않았다면 결코 벌이지 않을 짓이었죠?

피고인 —— 당시엔 그랬습니다.

변호인 —— 그 방법이 그릇됐다는 것은 나중에 깨달았죠?

피고인 —— 한참 뒤에야 깨닫게 됐습니다. 한동안 같이 따라가 죽을 생각밖에 없었습니다.

변호인 —— 아내가 보고 싶죠?

피고인 —— (말을 잇지 못하다가) 네, 보고 싶습니다.

피고인은 인터넷에서 가장 덜 고통스럽게 죽는 방법을 검색했고 그대로 시행했습니다. 범행 직후 피고인은 2시간 넘게 자살을 시도하다가 친구의 119 신고로 살아남았는데, 이 사정도 법정에서 공개됐습니다.

이런 피고인을 위해 구명에 나선 사람들도 있습니다. 아내의 친구들은 상속을 포기한 채 구속된 피고인의 선처를 구하는 탄원서를 법원에 제출했습니다. 심지어 피해자의 어머니도 증인으로 나서서 피고인의 구명을 도우려고 했습니다. 피해자의 오빠가 반대해 성사되지는 않았지만요.

속죄 없는 단죄, 단죄 없는 속죄

공판에서는 피해자가 피고인에게 수차례 '죽여달라'고 부탁했다는 주장이 언급됐습니다. 하지만 검찰은 징역 8년을 구형하면서 그 이유에 대해 "계획 범행이자 피해자의 동의가 없었다"라고 강조했습니다.

검사 —— 피고인은 범행 일주일 전부터 유서를 작성하고 그사이 수차례 유서 내용을 고치면서 범행 결심을 다진 걸로 보이므로 계획 범행입니다. 피해자가 죽여달라거나 명시적으로 죽이는 것에 동의한 사실은 확인되지 않고, 어머니와 두 오빠, 가족들, 지인이 있었음에도 피고인은 오로지 본인의 주관적 판단만으로 가족과 친구들로부터 피해자를 빼앗았습니다.

피해자 오빠들을 비롯한 가족들은 피고인이 누구에게 상의하지 않고 피해자 동의 없이 본인 판단만으로 살해한 것을 용서할 수 없다고 입장을 밝혔습니다. 다만 피고인이 초범이고 본인의 범행을 자백, 반성하고 있습니다. 피해자가 6년간 투병 생활을 했고 최근 들어 갑작스레 건강 상태가 악화되어 증세가 심해지자 정신적으로 지쳐서 본건 범행에 이르게 된 것으로 보이는 점, 피고인 신고로 이 사건이 밝혀지게 된 점, 양형 사유를 종합하여 피고에게 징역 8년을 선고해주시기 바랍니다.

변호인 —— 피고인이 피해자를 사랑하지 않았다면 주변 권유대로 피해자를 간병 치매요양병원에 맡기고 피고인은 피해자 곁에서 한 발 떨어져 지냈을 겁니다. 피고인은 범행 며칠 전 유서를 썼지만 실행에 옮기지 못했는데, 마지막 날 아침 아내가 낙상해서 눈가에 혹이 생긴 걸 보면서 순간적으로 이성을 잃어버리고 아내의 고통을 더 지속해선 안 되겠다고 잘못된 판단을 하고 말았습니다.

피해자의 친구분들이 탄원서를 여러 명한테 받아냈습니다. 피해자가 스스로 죽여달라고 명시적 의사 표시를 하지 않았지만 피고인의 행동을 이해하고 피고인의 수감 생활을 안타까워할 거라고 얘기했습니다. 사랑스러운 망인이 비참하게 망가지는 것을 보면서 피고인도 죽고 싶을 만큼 괴로웠을 거다, 피고인이 범행을 저지르는 게 망인의 고통을 줄여주는 길이라고 생각했고 다른 사람 손에 맡겨져서 남은 시간 고통받게 되는 걸 피고인이 참지 못했던 것 같다, 이런 취지로 탄원하고 있습니다. 피해자 유족들 중에도 그런 말씀 하시는 분이 있으시지만 유족들이 의견을 통일하기로 하셨기 때문에… (증언에 나서지 않았다). 이 사건은 수사기록을 보셔서 아시겠습니다만 피고인이 정말 피해자를 너무너무 사랑한 나머지 한 행동이기도 하고 피고인이 스스로 지쳐서 바른 판단을 하지 못한 정신 상태에 있지 않았나, 이런 점을 참작해주셔서 피고인에 대해 선처해주시기 바랍니다.

어느 쪽 주장에 더 공감이 가십니까? 여러분이 피고인이었다면 다른 선택을 했을까요? 1심 선고 당일 법정을 찾은 피해자의 친구들은 계속 한숨만 내쉬었습니다. 피고인을 위해 탄원서를 썼던 그 친구들입니다. 세상에서 가장 가까운 사람을 잃은 피고인에게는 실형 여부가 중요하지 않았겠지만, 모두들 그가 실형을 살지 않길 바라는 마음이었습니다. 차라리 다시 세상에 나와 속죄하며 살기를 바랐죠.

　하지만 재판부의 판단은 달랐습니다. 휴먼 마인드는 속죄가 이뤄지기를 바라지만 리걸 마인드는 죗값이 치러지길 바라기 때문이겠죠. 구구절절한 사연에 비해 선고는 무척이나 짧았습니다. 재판부는 "국가와 사회가 보호해야 할 가장 존엄한 가치인 생명을 뺏는 살인죄는 어떤 이유로도 합리화되거나 용납될 수 없다"라며 피고인에게 징역 4년을 선고했습니다. 그러면서 "간병이 필요한 환자에 대한 사회적 문제가 대두되는 상황에서 이와 같은 사건의 재발을 방지해야 하는 측면에서도 피고인에 대해 엄중한 책임을 물어야 한다"라고 양형 이유를 덧붙였습니다.

　그런데 항소심에선 조금 달랐습니다. 휴먼 마인드가 조금은 엿보였습니다. "1심의 형(징역 4년 및 몰수)은 너무 무거워서 부당하다"라며 1년을 감형해주었고, 이대로 형이 확정됐습니다.

　이언 매큐언의 소설《속죄》에는 이런 대목이 나옵니다. "죄책감은 자신을 고문하는 방법을 끊임없이 개발해냈고, 시간이 가면서 떠오르는 세밀한 기억의 구슬들을 하나하나 실에 꿰어 평생 동안 돌리면서 기도해야 할 묵주를 만들어놓았다." 선고를 듣는 피고인의 표정은 한결같이 담담했습니다. 이제 그는 날마다 세밀한 기억의 구슬들을 꿰어가며 평생 속죄의 기도를 하겠지요. 속죄 없는 단죄보다 단죄 없는 속죄가 더 무거운 형일 테니까요.

가해자의 최후진술과
피해자의 탄원서

법정에 선 수많은 흉악범의 표정은 각기 다양합니다. 자신에게 내려질 중형을 직감이라도 한 것처럼 재판은 포기한 듯 건성으로 대답하는 피고인이 있는가 하면, 공소사실에 담긴 끔찍한 범행을 당시엔 어찌 저질렀나 싶을 정도로 겁에 질려 여기저기 눈치를 살피는 피고인도 있습니다.

　이번 이야기는 눈의 초점이 사라진 채 재판 내내 멍하니 앉아 있던 '신당역 스토킹 살인 사건'의 피고인 전주환의 재판입니다. 전주환의 재범 가능성을 따진 그날의 재판 장면과 함께 전주환이 언급한 '삶'과 피해자가 말한 '삶'의 이야기를 전해드리겠습니다.

재범 가능성에 대한 심리

전주환은 2022년 9월, 서울 지하철 2호선 신당역에서 서울교통공사 입사 동기인 피해자를 살해했습니다. 그는 살인을 저지르기 전에도 피해자에게 지속적으로 범행을 벌여왔습니다. 2021년 10월부터 피해자에게 교제를 강요하고, 그 과정에서 수차례 스토킹 범죄 등을 저질렀죠. 결국 피해자의 신고로 재판에 넘겨졌고, 검찰은 2022년 8월 전주환에게 스토킹 혐의 등을 적용해 징역 9년을 구형했습니다.

검찰의 구형을 받고 재판부의 선고를 기다리던 전주환은 2022년 9월 14일 피해자가 근무하는 신당역을 찾아가 살인을 저지릅니다. 스토킹 혐의로 서울서부지법에서 재판을 받던 전주환은 이제 살인 혐의 피고인으로 서울중앙지법에 섰습니다. 전주환은 재판 내내 멍한 모습이었습니다. 기자의 주관적 느낌이 섞여 있지만, 초점 잃은 눈으로 어딘가를 멍하니 바라보는 그의 모습은 많은 것을 포기한 듯했습니다.

2022년 10월 18일 열린 첫 재판 절차에서 전주환 측은 검찰의 공소사실을 인정하고 양형, 즉 형벌의 정도만 다투겠다고 밝혔습니다. 형벌 낮추기에 주력한 전주환은 재판에 앞서 총 세 차례 반성문을 제출했고, 재판 전체 기간에 걸쳐 열 차례가 넘게 반성문을 제출했습니다.

우리 사법부가 양형 기준을 만들 때 고려하는 주요 원칙 중 하나가 '재범 가능성'을 판단하는 것입니다. 재범을 막는 것이 무엇보다 중요한 일이기 때문이죠. 결심 공판이 열린 2023년 1월 10일, 재판부는 전주환의 재범 가능성에 대한 심리를 진행했습니다. 증인으로는 임상수사심리학자인 김태경 서원대학교 교수가 참석했습니다. 검찰과 변호인은 김태경 교수에게 전주환의 심리 상태, 재범 가능성에 대한 질문을 던지기 시작했습니다.

2023.1.10 서울중앙지법 형사합의25-1부, 전주환 보복살해 혐의 결심 공판 중

검사 —— 전주환의 범행 영상, 임상심리 평가 내용 등을 미리 송부해드렸는데요. 그 자료를 토대로 했을 때 심리학자로서 피고인의 성향, 특성에 대한 일반적 평가는 어떻습니까?

김태경 교수 —— 가장 두드러진 특징은 다른 사람의 감정에 대한 반응이 현저히 부족하다는 겁니다. 내적 상태, 내적 세상에서 무언가 무의식적인 자극이 건드려졌을 때는 반응이 빠르고 정서적 반응을 드러내는 특징이 있는 것으로 파악했습니다. 임상심리학자 보고서에선 이것을 '자기초점적 주의' 경향이 강하다고 판단한 것 같습니다.

검사 —— 내적인 무언가가 건드려졌을 때는 반응 속도가 빠르다고 했는데요. 비전문가인 제가 잘 이해가 안 가서 구체적으로 설명을 해주시면….

김태경 교수 ── 전반적인 심리 평가, 조사, 면담을 할 때는 상당히 침착하고 주도면밀하며, 감정적으로 메마르고 건조한 반응을 보였다고 기록돼 있습니다. (그런데) 상반되게 자신의 감정, 생각을 촉발하는 질문이나 개인과 연결된 유형의 질문을 받았을 때는 즉흥적인 경향성이 관찰됐습니다. 상황을 객관적이고 중립적인 자세로 해석하는 데 지나치게 주관적이고 인위적인 것으로….

전주환이 어떤 사람인지에 대한 질문을 이어간 검사는 수사 과정에서 자신이 전주환에 대해 느꼈던 지점에 대해서도 질문을 던졌습니다. 전주환이 감정적 동요가 거의 없었다는 겁니다.

검사 ── 비전문가이지만 수사 검사로서 면담 과정에서 눈에 띈 것 중 하나가 전주환이 범행 과정 이후 사건에 대해 감정적 동요가 없다고 생각한 것인데요. 그 부분은 어떻게 평가할 수 있을까요?

김태경 교수 ── 여러 상황에서 전주환은 감정적 동요가 드러나지 않았고, 현장 검증을 하면서도 칼을 달라고 한다거나, 적극적으로 상황 재연에 나섰는데요. 정작 범죄자인 본인도 그런 상황에 노출되면 정서적으로 각성하고 고통이라는 감각을 다시 경험하는데, 전주환의 경우 그런 반응이 전혀 없었습니다. 당시 일이 그대로 떠오르는 상황에 처해지는데도 그랬다는 것은 사건 당시 상대방의 고통에 공감하기 어려운 상태였다고 추정할 만합니다.

검사 —— 전주환이 향후 살인 등 유사 범죄를 다시 저지를 가능성은 어떤가요?

김태경 교수 —— 그것은 이 자료만으로는 판단이 어렵습니다. 다만 자기초점화된 사람이고, 주관적으로 해석하고, 자신의 감정에는 비교적 풍부하게 반응하지만 타인의 감정·입장엔 공감하는 게 어려운 상태인 것으로 자료로는 평가됩니다. 이대로만 보면 재범 가능성이 작지 않을 것으로 사료됩니다.

임상심리학자의 보고서를 본 전문가의 답변은 전주환은 '타인의 감정에 공감하는 것이 어려운 사람'이고, '상황을 주관적으로 해석하는 경향'이 있다는 것이었습니다. 전주환은 범행 당일에도 흉기를 소지한 채 1시간가량 피해자를 기다리며 휴대전화로 웹툰을 보고 있었다고 합니다. 검사와 김 교수의 문답이 오가는 상황에서도 전주환은 멍하니 앉아 있었습니다. 그는 2022년 11월 열린 공판에서 범행 전후 CCTV 영상을 재생할 때도 화면을 등진 채 영상을 외면하는 행동을 보였습니다.

"여전히 저는 제 인생이 소중하기 때문입니다"

검사의 질문이 끝나자 전주환 측 변호인의 질문이 시작됩니다.

변호인 —— 증인(김 교수)이 전주환을 직접 상담하거나 해서 평가를 내린 것은 아니죠?

김태경 교수 —— 네.

변호인 —— 만약 전주환을 직접 상담하고 현재 심리 상태를 확인했다면, 다른 평가가 이뤄질 수도 있나요?

김태경 교수 —— 앞서 평가해서 보고서를 작성하신 분들이 충분한 경험을 가진 것으로 추정되고 공인 자격이 있는 것으로 추정됩니다. 비슷한 훈련 과정을 거쳤으니 크게 달라질 가능성은 작아 보입니다.

변호인 —— 검사님 질문에 전주환이 매우 담담하고 동요가 없는 것으로 보였다고 했는데, 전주환이 우울증약을 복용하고 있어서 정서적·감정적 표현이 적을 수 있다는 평가도 있는데 어떤가요?

김태경 교수 —— 하나의 가설일 수도 있고 약을 얼마나 복용했는지에 따라 다를 순 있는데, 그것을 감안하더라도 자신 개인 측면의 주제에 대해 이야기할 때 감정 동요가 많이 보였던 것 같고요. 다소 충동적이고, 즉흥적으로 행동할 가능성이 있다고 추정됩니다.

그러자 변호인은 전주환의 원만했던 학창 시절, 어려운 환경에서도 스스로 돈을 벌어 공부한 점 등을 근거로 전주환의 재범가능성, 사회로의 복귀 가능성에 대한 질문을 다시 던졌습니다.

변호인 —— 전주환의 경우 학창 시절 형편이 어려워 부모님에게 무언가를 사달라고 하지 못하고, 인터넷 강의도 부모님으로부터 도움을 받지 못했지만 스스로 공부해 서울에 있는 상위권 대학에 입학했습니다. 이런 성장 과정을 볼 때 피고인에게 자제력이 있고 성실하다는 평가는 어떤가요?

김태경 교수 —— 본인에게 이익이 되고, 본인이 해야만 한다고 판단했을 때 그것을 성실히 수행하는 것이 부족해 보이지는 않습니다.

변호인 —— 전주환은 고등학교 시절 매 학년 한 학기의 반장을 맡을 정도로 교우 관계가 원만했고, 평범한 학창 시절을 보냈습니다. 대학교에서도 원만했고 동아리 활동을 하는 등 학교생활에 어려움이 없었는데, 사회성 평가에 긍정적 요소인가요?

김태경 교수 —— 그럴 수 있습니다. 심리학적 평가만 보면 사회적 상황 판단, 이해 능력은 양호한 것으로 보입니다. 판단 능력이 부족한 사람은 아닌 듯합니다.

변호인의 질문이 계속됐고, 이 과정에서 김 교수가 유의미한 말을 합니다.

변호인 —— 전주환은 군 복무를 마치고 전역한 뒤 대학 고시반에서도 성적 우수자였고, 약 6년간 공부해서 회계사 시험에 합격했습니다. 부모님이 내준 등록금 외에 국가장학금, 성적장학금을 받고 혼자 생활비를 벌었습니다. 피고인의 성실한 생활 태도는 피고인에게 참을성, 충동 억제력이 있다고 평가할 수 있나요?

김태경 교수 —— 이 평가 결과가 그래서 더 주목할 만합니다. 전주환은 일반 상황에선 행동 억제가 가능합니다. 그런데 주관 영역에서 본인만이 갖고 있는 중요한 지점이라 여길 만한 곳이 손상되면 다른 행동 양상을 보이는 상태일 수 있습니다.

전주환이 일반적 상황에서 감정 조절이나 행동 억제가 가능하지만, 본인 스스로 중요하다고 생각하는 부분이 훼손된다면 행동 억제가 불가능한 유형이라는 겁니다. 실제로 전주환은 앞서 검찰 조사에서 범행을 왜 저질렀냐는 질문에 '스토킹 혐의로 징역 9년을 구형받고, 선고를 앞둔 상황이 되자 이제 내 인생은 끝났다는 생각이 들었고, 너 죽고 나 죽자는 마음이었다'라는 취지로 진술했습니다.

김 교수의 증언에 재판부도 질문을 던집니다.

재판부 —— 자기초점적 주의 경향이 범죄에 영향을 줄 수 있나요?

김태경 교수 —— 지금 상황에서 자료만 봐선 피해자와의 관계 이런 것들에 대해 본인이 주관적으로 해석하고 훨씬 더 많이 분노한 것으로 보입니다. 본인이 처한 상황을 해석하는 것에 있어서도 자기중심적이고 자기초점적인 성향이 영향을 미쳤을 것으로 볼 수 있습니다.

(중략)

재판부 —— 전주환이 과거 이성교제 과정에선 특이 사항이 없었는지 재판부가 양형 조사도 했습니다. 이상하게 볼 만한 상황이 없었는데, 몇 년 지난 뒤 이런 상황이 발생했습니다. 합리적인 설명이 가능한가요?

김태경 교수 —— 추정해보면 본인도 인정하는 것처럼 법적 처벌 수위가 본인 생각보다 높고 결과적으로 자기 생에서 노력한 많은 것을 잃어야 하는 상황에 대한 분노…, 분노를 더 이상 참지 않기로 결심하는 데 결정적 영향을 미쳤을 가능성이 큽니다.

타인의 감정에 공감하는 능력이 떨어지고, 특정 상황에선 자기중심적으로 생각하는 경향이 있고, 중요하게 생각하는 무언가가 훼손된다면 일반적 행동에서 벗어날 수 있다는 것이 전주환을 본 전문가의 답변이었습니다. 범행을 앞두고도 웹툰을 보고, 범행 직후 현장 검증에서 덤덤하게 범행을 재연하며, 재판에선 증거 영상 시청을 외면하고, 재판 내내 초점을 잃은 눈으로 멍하니 앉아 있던 그의 모습도 이런 성향을 드러내는 것일지 모릅니다.

이날 검사는 전주환에게 사형을 구형했습니다. 그리고 그동안 열세 차례에 걸쳐 반성문을 제출해온 전주환은 최후진술에서 이렇게 말합니다.

> **전주환** ── 삶을 스스로 비관해 모든 것을 포기해야겠다는 짧은 생각 때문에 저 스스로를 놓아버렸습니다. 제게 주어진 남은 날 동안 평생 잘못을 기억하며, 뉘우치고 속죄하며 살겠습니다.

'삶을 포기하겠다'는 생각에 범죄를 저질렀다는 그의 말은 재판이 끝나고도 아주 오랜 시간 기자의 뇌리에 남았습니다. 피해자가 전주환을 스토킹 범죄로 고소했을 때 법원에 제출한 탄원서의 내용이 문득 생각나서입니다. 전주환이 삶을 언급했듯, 피해자도 삶을 언급했습니다.

저는 한때 누구보다 꿈이 많은 사람이었습니다. 하지만 그 일을 겪고 제 시간은 멈춘 것 같습니다. 단 한 가지 희망은 가해자에게 강력한 처벌이 내려지는 것입니다. 평범한 일상을 회복하고 전처럼 지낼 수 있는 용기를 주시길 바랍니다.

어떻게든 저도 다시 행복할 수 있다는 것을 보여주고 싶습니다. 많이 힘들겠지만 여전히 저는 제 인생이 소중하기 때문입니다. 그때 용기를 내 스토킹 범죄를 고소한 건 참 잘한 일이었다고, 언젠가 스스로 다독여줄 그날이 오길 바랍니다.

– 피해자 아버지가 공개한 피해자의 생전 탄원서 중

전주환은 대법원에서 무기징역이 확정돼 수감 중입니다.

스토킹범 궤변에
판사는 호통쳤다

스토킹 범죄는 피해자에게 지속적인 공포와 불안을 안기다가 치명적 피해를 입힌다는 점에서 잔혹한 범죄로 통합니다. 피해자의 삶을 서서히 갉아먹다가 끝내 파탄에 이르게 하죠. 하지만 우리나라는 2021년 3월 이전까지만 해도 스토킹 범죄를 그저 경범죄로 분류해왔습니다. 그렇다 보니 처벌도 아주 약했죠.

앞서 본 서울 신당역 살인 사건이 터지고 여론의 분노가 들끓자 그때도 검찰과 경찰은 스토킹 범죄의 뿌리를 뽑겠다고 나섰습니다. 하지만 이후로도 스토킹 범죄는 우리 주변에서 계속 이어져 왔습니다. 물론 지금 이 시간에도요.

이번 장에선 피해자를 스토킹하다가 피해자의 어머니까지 무참히 살해한 흉악범 이석준의 이야기를 다룹니다. 1심에서 무기징역을 선고받았지만 이에 불복해 항소한, 그리고 법정에서 판사조차 이해하기 어려운 궤변을 쏟아낸 이석준의 항소심 장면으로 가봅니다.

"정신적으로 힘들다"

이석준은 2021년 12월, 전 여자친구이자 스토킹 범죄 피해자인 A씨의 집에 침입합니다. A씨는 집에 없었습니다. 그러자 이석준은 집에 있던 A씨의 어머니에게 흉기를 휘둘러 숨지게 합니다. 현장에 함께 있던 A씨의 남동생에게도 흉기를 휘둘러 중태에 빠뜨립니다. 당시 남동생은 불과 열세 살이었습니다.

보복살인 혐의로 재판에 넘겨진 이석준에게 1심 재판부인 서울동부지법 형사합의12부는 2022년 6월 21일 무기징역을 선고했습니다. 이석준은 즉각 항소했고, 9월 22일 서울고등법원 형사9부의 심리로 항소심 첫 공판이 열렸습니다.

그런데 항소심 공판 첫날 이석준은 법정에 오지 않았습니다. 이날 오전에 갑자기 불출석 사유서를 제출하고요.

2022.9.22 서울고법 형사9부, 보복살인 이석준 항소심 공판 중

재판부 ── 피고인 상태가 많이 안 좋아요?

변호인 ── 그건 아닌데, 1심 판결 부당함과 여러 가지 후회, 정신적 문제 같습니다.

재판부 ── 아니 그러니깐 병적으로 질환이 있어서 도저히 올 수 없는 건지, 아니면 개인적 심리 불안 상태인지…. 재판을 받으면 마음이 좋지 않은 건 당연하죠. 그런데 그 정도로 지금 정당한 사유 없이 불출석하는 건가요? 어떻게 하실 건가요?

이석준은 이날 첫 공판에 오지 않은 이유로 판결에 대한 불만과 정신적 문제를 거론합니다. 판사는 불편한 기색을 감추지 않습니다. 흔히 볼 수 있는 장면은 아니죠.

재판부 ── 불출석에 정당한 사유가 있는지 소명하라고 하겠습니다. 소명 없이 다음에도 나오지 않으면 응분의…. 하여튼 피고인에게 절차상 불리해도 진행하겠습니다.

(구치소 직원을 바라보며) 구치소에서도 평소 생활하는 것을 보면 의견이 있을 거 아니에요?

교정본부 직원 ── 네. 있습니다.

재판부 ── 정말 심리적·정신적으로 힘들어 보이면 힘들다고 해주시고, 괜찮은 것 같은데 괜히 저러는 것이면 속된 말로 꾀병인 것 같다면 꾀병이라고 의견 내주세요. 재판부가 판단하는데 도움이 될 것 같으니 의견 주세요.

어머니를 죽인 건 보복이 아니다?

법정에 나오지 않은 이석준, 그리고 판사의 질타에 법정 분위기는 순식간에 얼어붙었습니다. 설상가상으로, 이석준 측이 항소 이유를 본격적으로 설명하자 분위기는 더욱 얼어붙습니다. 1심 판결이 부당하다고 주장한 이석준의 항소 이유는 '자신에게 보복살인 혐의를 적용해선 안 된다'는 겁니다. 자신은 A씨에 대한 보복을 노리고 범행을 계획했는데, 실제로는 피해자가 아닌 A씨의 어머니를 해쳤으니 보복살인을 적용해선 안 된다는 논리입니다.

재판부 ── 딸(A씨)에 대한 보복 목적은 인정했는데, 어머니에 대해선 없었다? 딸에 대한 보복이고, 어머니를 죽인 것이니 어머니에 대한 것은 아니다? 사실관계나 법리적으로 볼 때 과연 피고인이 A씨 가족에 대한 보복 목적이 있었는가를 말하는 거죠?

변호인 ── 네.

재판부 — 생각해보세요. 보복 목적은 딸인데 실제로 죽인 것은 가족이다? 변호사님, 제가 변호사님한테 악감정을 갖고 자제분을 해쳤다면 죄가 됩니까? 안 됩니까? (보복살인이) 보복 목적 대상과 실제 피해자가 반드시 일치해야만 성립하는 범죄입니까?

변호인 — 검토해보겠습니다.

재판부는 황당함을 감추지 않았습니다. 그리고 변호인을 향해 이렇게 지적합니다.

재판부 — 변호사님? 예를 들어 A에 대한 보복 목적으로 B를 죽였어요. A와 B가 남남이면 성립 안 되지만, 거의 동일시할 수 있는 가족관계일 때 그 사람이 해쳐짐으로 인해서 얼마나 슬프겠습니까? 그러면 앙갚음이 되는 거죠. 목적과 행태를 세부해서 이것 따로, 저것 따로 연관성 없는 것처럼 주장하는 것이 논리적으로 맞나요? 상식적으로 하세요, 상식적으로. 저도 결론을 내린 것이 아니라 상식에 맞는지, 변호사님도 상식에 맞는 거라면 왜 맞는지, 아닌 것 같으면 재고해보세요.

이석준 측의 주장과 판사의 호통이 오간 이날 항소심 첫 공판은 이석준의 불출석으로 연기됐고, 약 30분 만에 종료됩니다.

끝까지 보복살인 부인

그로부터 일주일 뒤인 2022년 9월 29일 다시 열린 항소심 첫 공판에 이석준이 출석합니다. 판사는 이석준의 건강 상태부터 체크합니다. "몸은 좀 괜찮습니까?"라는 질문에 이석준은 "아직 좀"이라고 답합니다.

곧장 시작된 공판에서 이석준 측은 지난번과 마찬가지로 보복살인 혐의를 부인합니다.

2022.9.29 서울고법 형사9부, 보복살인 이석준 항소심 공판 중

재판부 ── 딸에 대한 보복 목적은 인정하는데 어머니에 대해선 없었다는 거죠?

변호인 ── 네. 특가법상 대상이 가족, 친지로 확대되지만….

재판부 ── 근데 이 사건에서 어머니가 개입하지 않은 사건이면 주장이 되는데, 이 사건은 마침 어머니가 개입해서 신고도 하고, 조사도 받았는데 어머니를 어떻게 (사건과) 분리하죠? 나는 여기까지만 보복하고 싶었고, 다른 사람에겐 (보복 의지가) 없었다고 명확히 구분할 수 있나요?

변호인 ── 지난번에 지적해주셨지만, 목적을 엄격하게 구분해야 한다는 입장입니다.

재판부 —— 검사님, 보복살인 목적에서 A에 대한 보복 목적으로 가족을 살해했을 때 죄가 되는지, 안 되는지 관련해서 사례나 다른 의견 있나요?

검사 —— 보통 A를 죽이려고 했는데 실제는 B가 된다면 대체자니깐 그대로 고의가 인정됩니다. 또 이번 경우엔 어머니가 신고한 사람입니다. A에 대한 보복 목적 현장에서 죽인 사람이 모친이어도 보복 목적이 인정됩니다.

현행 특정범죄가중처벌법 등에 관한 법률을 보면 우리나라는 '보복 목적으로 살인, 존속 살해를 한 자에 대해서 사형, 무기징역 또는 10년 이상의 징역에 처한다'라고 규정하고 있습니다. 그런데 이석준 측은 보복 대상이 그저 A씨였을 뿐이라며 이 부분을 다퉈보겠다는 입장입니다.

이석준은 개인정보보호법 위반 혐의 관련해서도 무죄를 주장했습니다. 이석준은 이번 범행을 준비하며 이른바 '흥신소'를 통해 피해자의 집 주소를 알아냈는데, 불법 정보인지는 몰랐다는 겁니다. 이석준 측은 1심 재판에 이어 이번에도 같은 주장을 펼쳤습니다.

재판부 —— 결과적으로 개인정보보호법 위반되는 것은 인정하나요?

변호인 —— 아닙니다.

재판부 —— 정보 주체(피해자)의 동의를 안 받았다는 사정을 알면서 (집 주소 정보를) 받았는지, 모르고 받았는지를 다투는 건가요?

변호인 —— 그 부분에서 몰랐다는 겁니다.

재판부 —— (집 주소 정보가) 나에게까지 오게 된 경위에 대해 인식이 없었다는 건가요?

변호인 —— 네. 인식이 없었다는 겁니다.

재판부 —— 이 정보가 누구로부터 어떻게 왔는지 구체적 경과는 모르겠죠. 근데 어디선가 잘못 유출돼서 떠도는 정보를 이 사람들이 돈벌이를 위해서 입수해서 나에게 줬다는 것도 몰랐다는 건가요?

변호인 —— 처벌 규정에선 아니라는 겁니다.

무기징역을 선고한 1심 재판부의 판결이 부당해서 항소했다는 이석준의 항소 이유, 여러분은 어떻게 들리시나요?

공판 내내 황당함과 분노를 드러낸 2심 재판부 역시 이석준의 주장을 인정하지 않고 무기징역을 선고했습니다. 그리고 대법원도 2023년 4월 27일, 무기징역을 확정했습니다.

법원에서는 지금 이 순간에도 수많은 스토킹 범죄 재판이 진행되고 있습니다. 스토킹 범죄의 가장 두드러지는 특성은 지속적인 괴롭힘과 범행입니다. 피해자가 원치 않는다는 의사를 밝혔음에도 이를 무시한 채 범행을 지속하는 것이죠. 또 대부분 지인들로부터 범행을 당하는 것이어서 보복에 대한 공포로 신고를 망설이게 되며, 신고를 결심한 피해자와 가족들은 스토킹 범죄자가 사회에서 영원히 격리되길 원합니다.

우리나라는 2021년 3월에서야 스토킹 범죄를 경범죄에서 빼냈습니다. 다른 나라와 비교해 10년 이상 뒤처진 조치였죠. 그릇된 집착과 명백한 범죄 행위를 우리 사회가 그동안 '열 번 찍어 안 넘어가는 나무 없다' 식으로 안일하게 생각한 결과일지 모릅니다.

일하러 간 엄마와
굶어 죽은 아기

법정에 가면 참 수많은 사연을 만나게 됩니다. 짧은 기사 하나로는 미처 다 담지 못할 정도의 무수한 이야기가 펼쳐지죠. 지금부터 전해드리고자 하는 것은 영양실조로 짧디짧은 삶을 살다 떠난 4개월 아기의 이야기입니다. 물리적 폭행은 없었지만, 속속 드러난 여러 증거로 '아동학대살해'가 인정된 20대 친모의 이야기이기도 합니다. 끔찍하고 기구했던 그날의 법정으로 가봅니다.

"절대 살인 의도는 없었고 살리고 싶었습니다"

2023년 6월, 서울중앙지법 형사합의29부 법정에 녹색 수의를 입은 20대 초반의 여성 A씨가 섰습니다. 이날은 아동학대살해 혐의로 재판에 넘겨진 A씨에 대한 선고 기일이었습니다.

두 손을 모으고 그저 재판장을 바라보는 A씨는 무척이나 긴장한 모습이었습니다. 재판장의 말 한마디, 한마디마다 "네", "네"라고 답하던 그는 "매번 대답 안 해도 됩니다"라는 법원 관계자의 말을 듣고서야 말을 멈춥니다. 법정이 참으로 낯설었던 모양입니다.

A씨는 생후 4개월 친자를 상습적으로 방치해 숨지게 한 혐의로 재판을 받았습니다. 아기의 사인은 '영양실조'였습니다. 검찰 수사에서 A씨가 아기를 때리거나 물리적으로 학대한 사실은 드러나지 않았습니다. 분유나 아기용품을 사는 등 육아를 위한 지출도 있었죠. 다정하게 찍은 둘만의 사진도 있었다고 합니다. 하지만 재판부는 미필적 고의에 의한 아동학대살해를 인정했습니다. 그리고 징역 15년을 선고했습니다. 이 모자에게 무슨 일이 있었던 걸까요?

스물세 살인 A씨는 2022년 피해자를 낳았습니다. 아기를 돌볼 사람은 자신뿐이었습니다. 가족과는 연락이 끊겼고, 친부는 다른 범죄로 구치소에 수감 중이었습니다. 혼자 생계를 꾸려야 했던 그는 오후 6시에 출근해 다음 날 오전 7시에 퇴근하는 생활을 반복했습니다. 그사이 아기는 홀로 방치됐죠.

그러던 어느 날 아기가 숨을 쉬지 않자 A씨는 병원에 데려갔고, 병원은 극도로 마른 아기의 상태를 보고 경찰에 신고합니다. A씨는 그렇게 붙잡혔습니다.

검찰이 그에게 적용한 혐의는 아동학대살해. 그리고 2023년 4월 열린 결심 공판에서 징역 30년을 구형했습니다.

2023.4.26 서울중앙지법 형사합의29부, 아동학대살해 결심 공판 중

검사 —— 피고인은 2022년 출산해 홀로 양육하던 중 아무런 치료 행위도 없이, 필수 예방 접종도 하지 않고 생후 3개월에 불과한 피해자를 홀로 두면서 12시간 내지 24시간 방치해 영양 결핍으로 살해했습니다.

23세에 불과한 범죄 전력이 없는 피고인은 친부가 구치소에 수감돼 홀로 출산한 딱한 사정이 있습니다. 그러나 피해자는 4개월간 먹지도 못하고 사랑받지 못하고 죽어갔고, 피고인이 최선을 다했다고 변명하기에는 부족합니다. 특히 반성하지 않는 피고인은 선처할 필요가 없습니다.

검사도 많이 고민했다고 합니다. 양육의 의지로 보이는 흔적들이 있었다는 겁니다.

검사 —— 수사 당시 피고인은 분유와 기저귀를 구매한 이력이 있었습니다. 그래서 정말 키우려 했던 것인지 검사도 고민했지만 피고인은 피해자가 사망에 이르리라는 점을 명백히 예상했을 것으로 보입니다.

A씨 측은 혐의를 부인합니다.

국선변호인 —— 피고인은 잘못된 판단으로 아이를 양육하다 사망에 이르게 한 점을 인정하고 반성하고 있습니다. 그러나 자신의 아들을 죽이려고 한 사실이 없고, 살해 고의도 없었습니다. 아들에게 육체적 상해를 가한 사실이 없고, 돈을 벌지 않으면 안 돼 일을 했습니다.
일하지 않는 시간에 잘 양육하면 살 수 있다고 생각했습니다. 유기한 사실은 있으나 12시간 정도로, 하루를 넘겨 유기한 적은 없습니다. 아동학대 사례 판례를 보면 직접적 유형력(신체에 고통을 줄 수 있는 물리력) 행사가 있고, 또 방치도 24시간을 넘기는 것입니다. 이 사건은 유기 사실과 유기로 인한 사망 사실이 인정될 뿐이지 유기 사망의 고의가 인정되는 것은 아닙니다.

A씨에게 최후진술 기회가 부여됩니다. 숨이 넘어갈 정도로 울고만 있던 그는 한동안 말 한마디도 제대로 꺼내지 못했습니다. 법원의 관계자가 휴지를 가져다주고 진정시키자, 그제야 입을 뗐습니다.

A씨 ── 피해자 아동에게 먼저… 미안하다는 죄책감이 듭니다. 하지만 전 먹고살기 위해 노력했고 제가 가장이 돼야 하는 상황이었습니다. 죄를 부인하는 것은 아닙니다. 절대 살인 의도는 없었고 살리고 싶었습니다. 아동에게 너무 미안하고… 죄책감을 느꼈고 제가 이렇게 말한다고 해서 제 죄가 없어지는 것은 아니지만 지금도 너무 힘들고 반성하고 있고 피해자 아동에게 미안하다고 하고 싶습니다. 여기까지 하겠습니다.

미필적 고의에 의한 아동학대살해

약 한 달 뒤 열린 선고 기일에 재판부는 미필적 고의에 의한 아동학대살해를 인정합니다. 아기가 죽을 수 있음을 알 수 있었고, 또 죽음을 막을 수 있었음에도 제대로 된 대처를 하지 않았다는 것이 재판부의 판단이었습니다.

아기는 태어나자마자 병을 앓았습니다. 출생 당시 의사가 아

기가 '폐동맥 고혈압'을 앓고 있다고 A씨에게 말했지만, 아기가 숨지기 전까지 A씨는 어떤 치료 행위도 하지 않은 것으로 나타났습니다. B형간염 등 국가에서 정한 필수기초접종도 하지 않았죠. 물론 피해자가 이런 질환으로 숨진 것은 아니지만, A씨가 얼마나 부주의했는지를 간접적으로 보여줍니다.

생계를 꾸리기 위해 일을 했다고는 하지만 아기는 방치됐습니다. 직장에서 집까지는 도보로 10분 거리에 불과했기에 중간중간 돌볼 수 있었을 텐데도 그렇게 하지 않았다는 것이 법원의 판단입니다. 특히 재판부는 수입이 있는 상황에서 아이돌보미를 고용하지 않은 점도 강하게 질타했습니다.

2023.6.1 서울중앙지법 형사합의29부, 아동학대살해 혐의 선고 중

재판부 ⎯⎯ 이 사건에서 피고인은 피해자의 친모로 피해자의 법익을 보호할 의무가 있었습니다. 피해자는 생후 4개월 아이로 스스로 자기를 보호할 능력이 없고, 피고인 외엔 보호해줄 아무 사람도 없었습니다. 피고인은 주변 지인에게 출생 사실을 알리지 않았고, 아이돌보미도 구하지 않아 스스로 이런 상황을 만들었습니다.

피고인은 경제적 이유로 아이돌보미를 구하지 않았다고 했지만, 피고인의 수입과 지출 내역, 아이돌보미 비용을 종합하면

위 주장을 믿기 어렵습니다. 이처럼 피해자를 보호할 사람이 피고인만 있는 상황을 만든 피고인은 일하는 중간 잠깐이라도 피해자를 돌볼 수 있었는데 하지 않았고, 노력도 하지 않은 것으로 보입니다.

A씨는 피해자의 출생 사실을 주변 사람들에게 알리지 않았다고 합니다. 정확한 이유는 A씨만 알겠지만, 재판 과정에서 드러난 사실은 그가 이전에도 출산한 적이 있다는 겁니다. 몇 년 전 여아를 출산했는데 그때도 육아에 어려움을 겪었고, 그 아이는 A씨의 모친이 양육하고 있다고 합니다.

재판부 —— 피해자는 다른 원인으로 사망한 것이 아니라 굶주림과 영양 결핍으로 사망했습니다. 이는 쉽게 회피할 수 있는 피고인 지배 범위의 일입니다. 피고인이 조금만 주의했다면…, 먹이고 돌봤다면 사망이란 결과는 발생하지 않았을 겁니다. (중략) 결국 아동학대살해의 미필적 고의가 인정돼 유죄로 판단합니다.

미필적 고의를 인정한 재판부는 A씨에게 검찰 구형량의 절반인 징역 15년을 선고했습니다. 검사가 '상습적 출산'이라는 말을 해가며 함께 요구한 전자장치 부착도 재판부는 기각했습니다.

전자발찌를 채울 필요성까진 없다는 것이죠.

재판부 —— 피고인 스스로 이런 상황을 자초했고, 사람의 생명은 한번 침해되면 다시는 돌이키지 못하는 가장 존엄하고 근본적인 가치이자 최고의 법익입니다. 피고인의 죄책은 매우 무겁습니다.

다만 피고인이 피해자를 살해하려는 확정적 고의는 없었고 미필적 고의를 가지고 범행에 이른 것으로 보이는 점, 양육을 근본적으로 포기한 것은 아니고 피해자에 대해서 물리적·직접적·유형력의 학대를 못 찾은 점, 아무런 범죄 전력이 없는 초범이고 나이와 가정환경, 범행 동기, 범행 정황 등 모든 양형 요소를 고려해 형을 정했습니다.

주문, 피고인을 징역 15년에 처한다.

선고 기일에도 A씨는 혼자였습니다. 법정은 텅텅 비었고, 방청객 하나 없었죠. A씨 홀로 눈물을 흘리고 있었습니다. 하지만 재판부가 밝힌 것처럼 피해자는 최고의 법익이라고 할 수 있는 생명을 잃었습니다. 사망 당시 아기는 태어났을 때보다 몸무게가 줄어든 2.29kg이었습니다. 또래 남아 평균 몸무게의 절반에도 미치지 못했죠.

가장 보호받아야 할 시기, 4개월이라는 짧은 시간 동안 아기가 보고 느낀 세상은 어떤 곳이었을까요? 아기는 어떤 기억을 갖고 이 별을 떠났을까요? A씨는 항소했지만 2심에서도 징역 15년이 선고됐고, 이 판결은 대법원에서 확정됐습니다.

오락가락하는
살해 동기

지금 대한민국의 분위기를 한 단어로 요약한다면 아마 '분노'일 겁니다. 사회 모든 분야가 양극단으로 치닫고 서로를 향해 혐오와 분노의 언어를 쏟아내고 있습니다. 2023년 여름, 분노의 대한민국을 뒤흔든 연이은 칼부림 사건은 그야말로 우리 사회 저변에 응축돼 있던 모든 분노가 폭발한 듯한 사건이었습니다.

첫 번째 사건은 서울 신림동에서 일어났습니다. 30대 남성 조선이 신림동 ○○에서 대낮에 불특정 다수를 향해 흉기를 휘두르고, 도망가는 사람의 옷자락을 붙잡아 저지하고 수차례 찔렀습니다. 1명이 죽고 3명이 다친 데다 평일 낮 도심에서 벌어진 무차별 살상이었다는 점에서 온 국민은 '테러'에 가까운 충격을 받았습니다. 이후 신림역 살인 예고 사건, 서현역 칼부림 사건 등 불특정 다수를 대상으로 하는 사건이 하루가 멀다고 일어나면서 시내 한복판에 장갑차가 등장하기도 했고요.

이후 정치권에서는 관련 입법을 예고하면서 가석방 없는 종신형과 사법입원제, 흉기소지죄 등의 도입 여부가 논의됐고, '인권'을 둘러싼 설전도 뜨거웠습니다. 더욱이 조선이 법정에서 보인 모습에 사람들은 더욱 분노했죠. 범행 동기를 두고 오락가락하는 그의 태도가 분노를 부채질한 겁니다.

열등감 아닌 피해망상이다?

조선은 처음 법정에 들어설 때부터 여타 살인범들과는 사뭇 달랐습니다. 읍소하고 반성한다는 제스처를 보이며 선처를 구하지 않았거든요. 재판부가 "재판 끝나기 전에 유리한 사실을 말할 기회가 있으니 적절히 의견을 말하라"고 했지만 그는 끝까지 아무 말도 하지 않았습니다. 보통 피고인들은 법정에 서면 동정심을 사기 위해 최소한 반성하는 모습 또는 후회하는 기색을 내비치지만, 조선은 재판 시작부터 끝까지 눈을 감은 채 손으로 머리를 감싸고 있었습니다. 검찰이 또래 남성에 대한 열등감을 언급할 때마다 두 손으로 이마를 감쌌는데, 마치 만화에서나 볼 법한 작위적인 모습이었습니다.

2023.8.23 서울중앙지법 형사합의32부, 칼부림 살인 공판 중

검사 ── 피고인이 7세 무렵 부모가 이혼하고 어린 시절부터 할머니와 고모 손에 양육되는 등 불안정한 삶을 살고 학교생활에 적응하지 못하다 2006년 특수강도죄 등으로 소년법상 제7호 처분을 받고 징역 1년 6개월에 집행유예 2년을 선고받았습니다. 학창 시절에는 부모 이혼 후 고모 집에서 살게 된 것에 늘 불만을 갖고 학습에 관심 없이 방과 후 게임하며 시간을 보냈으며, 자아존중감이 낮았고 감정 조절에 어려움을 겪으며 현실 적응 능력과 행정 통제 능력이 부족한 경향을 보이는 등 또래들과 다른 자신의 성장 환경 등에 대해 열등감과 분노를 품게 됐습니다. (중략)

혼자서 망상에 가까운 생각을 반복하던 중 또래 남성과 비교할 때 불우한 환경, 구직난, 사회적 유대관계의 단절, 경제적 어려움 등으로 인해 자신의 삶이 너무 비참해진 것 같단 생각이 들었습니다. 정상적인 사회생활을 하기 위해 노력하던 시기에는 억눌려 있던 또래 남성에 대한 열등감, 좌절감, 분노 등을 재차 느끼게 됐습니다. 이에 피고인은 친구들과 자주 술을 마시던 서울 신림역 일대에서 남성들을 대상으로 열등감과 분노를 표출하기로 마음먹었습니다. 그들을 무차별적으로 살상하기로 결심하고, 부모 대신 자신을 길러준 할머니를 다시 볼 수 없을 거라는 생각에 고모 집에 거주하던 할머니를 마지막으로 본 다음에 신림역으로 이동하기로 했습니다.

변호인 —— 기초 사실 중 범행 동기 부분 관련해 말씀드리겠습니다. 피고인은 특별히 공소장에 기재된 바와 같이 남성들에 대한 열등감 내지 분노를 품은 사실이 없습니다. 피고인이 그와 같은 사유로 또래 남성에 대해 무차별 살상을 결심했다는 기재 내용은 사실과 다릅니다.

재판부 —— 그러면 피고인 범행 동기가 뭐예요?

변호인 —— 당시 본인이 미행당하고 있다는 피해망상을 겪은 것으로 보입니다. 그래서 그들을 닮은 듯한 남성들을 공격한 것으로 의견을 밝혔는데 구체적 내용은 변호인 의견으로 제출하겠습니다. (중략) 피고인이 그 피해자들을 살해하려 했다는 고의는 일체 부인합니다. 다만 피해자들에게 자신이 이런 피해를 끼친 점은 진심으로 사죄드리고 있습니다.

조선 측은 범행 고의가 없었음은 물론, 또래에 대한 열등감이 아닌 피해망상을 동기로 내세웠습니다. 계획 범죄가 아님을 내세움으로써 죗값을 덜려는 전형적인 수법입니다. 형사 법정에선 피고인들의 '감형 바이블'이랄까요.

두 번째 공판에서는 '감형 작전'이 보다 분명해졌습니다. 스토킹 피해망상 때문에 범죄를 저지르게 됐다며 계획 범죄가 아니라는 점을 강조했습니다. 조선은 앞선 검경 수사 과정에서 또래 남성에 대한 열등감 때문에 범행을 저질렀다고 진술해놓고, 법정에서는 그 진술을 모두 부인하면서 피해망상에 시달렸다고 주장했습니다.

피해망상 아닌 열등감이다?

검찰은 피해망상이 아닌 열등감에서 비롯한 범죄임을 입증하면서 조선 측 주장의 신빙성을 깨는 데 주력했습니다.

2023.9.13 서울중앙지법 형사합의32부, 칼부림 살인 공판 중

검사 ── 조선은 경찰 1회 조사 당시 신체적으로도 그렇고, 정상적으로 사는데도 자신은 비정상이라고 진술했고, 2회 조사에선 사회적 불만과 그런 것에 대한 분노, 3회 조사에선 '저 사람은 나와는 다르구나'라는 열등감과 키 큰 사람에 대한 불만을 말했습니다. 5회 조사에선 '저는 은둔형인데 다른 성격을 가진 남자에게 질투감과 열등감을 느꼈다'고 진술했습니다.

(중략)

피고인은 범행 직후 검거 당시 펜타닐을 복용했다고 말했다가 심신미약을 주장하려고 거짓말을 한 것이라고 말했고, 홍콩 묻지 마 범죄를 모방했다고 주장했지만 역시 거짓말이었습니다. 피고인이 느닷없이 해킹을 주장하는데, 수사 과정에서 거짓말한 것을 고려해야 합니다. (중략)

피고인이 왜 해킹을 주장하는지를 보면 피고인은 검찰 5회 조사인 8월 6일부터 본격적으로 해킹을 언급하기 시작했습니다. 이 사건 범행 직후 가장 유사한 범행인 이른바 '분당 서현역 사건'이 발생한 날이 피고인이 해킹을 언급하기 시작한 것으로부터 사흘 전입니다. 분당 서현역 사건의 피고인 최원종은 스토킹 조직에 대한 망상으로 범행을 저질렀다고 했는데 이 점을 고려해야 합니다.

조선에 대한 마약 간이시약 검사에서는 음성이 나왔고, 펜타닐 복용에 대해서는 스스로 진술을 번복했습니다. 형사 재판부의 핵심이 바로 여기에 있습니다. 당시 조선이 어떤 상태였는지, 실제 피해망상을 겪었는지 등을 판가름해야 합니다. 여론은 이미 조선이 유죄라고 판단했고, 그가 범행 전에 휴대전화를 초기화하고 컴퓨터를 파손했다는 언론 보도도 나왔죠. 범행 한 달 전 검색 기록에는 살해 방법, 정신병원 입원 비용 등을 비롯해 증거

인멸 정황도 나타났고요. '의심스러울 때는 피고인의 이익으로' 라는 무죄추정의 대원칙을 넘어설 정도로 조선이 거짓말을 한다는 것이 입증되어야 합니다.

무엇보다 재판부는 조선에게 무자비하지 않았습니다. 정신병을 주장한 만큼 그는 법정에서 이따금 극도로 불안한 모습과 공격적인 성향을 드러내기도 했습니다. 결국 수갑을 찬 상태에서 재판을 받았는데, 재판부는 종종 조선의 상태를 확인하고 법정 경위에게 수갑을 풀라고 지시했습니다.

1심 재판부는 검찰의 사형 구형을 받아들이지 않고 무기징역을 선고했습니다. 조선 측이 주장한바 심신미약을 일부 겪었다는 점을 인정하면서도 "10여 차례 조사 과정에서 거짓 진술을 일삼아 수사에 지장을 주는 등 피고인이 진정으로 반성하는지 의문이 든다"라고 양형 이유를 설명했습니다. 항소심 재판부 역시 "무엇과도 바꿀 수 없는 인간의 생명은 어떠한 방법으로도 회복이 불가능함에도 극도로 잔인한 범행을 치밀하게 계획했다"라고 밝힌 뒤, "피고인이 피해·관계망상을 겪었다고 하더라도 그 비난 가능성이 매우 크다"라며 형을 유지했습니다. 조선은 항소심의 무기징역형에 불복해 대법원에 상고했지만, 대법원은 "연령·성행(性行)·환경, 피해자들과의 관계, 이 사건 각 범행의 동기·수단과 결과, 범행 후의 정황 등 기록에 나타난 양형의 조건이 되는 여러 가지 사정들을 살펴보면, 원심이 피고인에 대해 무기징역을 선고한 것이 심히 부당하다고 할 수 없다"고 상고 기각 이유를 밝히고 무기징역을 확정했습니다.

가석방 없는 종신형의 문제

천인공노할 범죄가 일어날 때마다 여론은 사형부터 화학적 거세까지 강력한 처벌을 원했습니다. 당시 한국갤럽 여론 조사에 따르면, 응답자의 92%가 '가석방 없는 종신형 도입'에 찬성했습니다. 때마침 엄벌주의에 입각해 사형제 폐지에 반대했던 한동훈의 법무부가 '가석방 없는 무기형(절대적 종신형)'을 신설하는 내용을 담은 형법 개정안을 냈고, 국무회의를 그대로 통과해 조정훈 의원(당시 시대전환, 현 국민의힘 소속)이 대표발의를 했습니다. 1997년 12월 이후 사형을 집행하지 않아 형 집행 공백이 발생했고, 무기형을 선고받아도 20년이 지나면 가석방 가능성이 커 국민 불안이 가중됐다는 이유에서였습니다.

이 법안은 어떤 결말을 맞이했을까요? 별다른 논의조차 되지 못하고 임기 만료 폐기됐습니다. 무차별 칼부림 사건 이후 사법입원제와 흉기소지죄 도입도 추진됐지만, 이 역시 임기 만료 폐기돼 아직까지 도입되지 않았습니다.

당시 국회 법제사법위원회에서는 엄벌주의에 입각한 제도와 관련해 한동훈 법무부 장관과 김영배 민주당 의원 간에 토론이 벌어졌습니다. 한 전 장관은 피해자 측면에서, 김 의원은 기본권 측면에서 인권을 해석했습니다.

2023.8.23 국회 법제사법위원회 전체회의 중

김영배 의원 —— 전문위원 검토보고서를 보면 가석방 없는 종신형은 기본권을 본질적으로 침해할 수 있다고 합니다. 사형제 폐지가 오랜 논란이었고 독일 인권재판소도 가석방 없는 종신형이 인간 존엄성에 부합하지 않는다고 하는데, 국제규범이나 해외 입법례 어떻게 보고 있습니까?

한동훈 장관 —— 우리 법제 기준으로 보면 사형제는 합헌이고 언제든 집행할 수 있습니다. (가석방 없는 종신형은) 법적 질서에 어긋나지 않습니다. 둘째로 피해자나 남은 가족의 인권을 생각하면 필요하다고 봅니다.

김영배 의원 —— 법원행정처 차장님께도 질문드릴게요. 법원 입장에서는 사후적인 것이긴 하지만 가석방 없는 종신형을 놓고 실질적 예방 효과가 있을지에 대해 많은 논란이 있는 것도 사실입니다. 어떻게 생각하십니까?

김상환 차장 —— 저희 입법안에 대해서 근본적인 형사적 변화를 도모하는 것이라 국회가 결정할 사안이라는 대전제하에서 말씀드립니다. 이론적인 면일 수 있지만 전혀 가석방 희망이 없는 종신형을 부과하는 것이 일반적인 범죄 예방 효과를 얼마나 줄지는, 희망의 가능성이 완전히 배제된 상태에서는 데이터가 없습니다.

한동훈 장관 —— 법원에서 판단할 수 있는 선택지를 주는 겁니다. (중략) 저는 개인적으로 잠재적인 피의자에게 이 처벌로 당신에게 (가석방될) 기회는 없을 거라고 메시지를 주는 게 무용하다고 생각하지는 않습니다.

법무부 입장은 '살인범 인권만 있고 피해자 인권은 없느냐'라는 일반 국민 정서에 기반합니다. 하지만 '이에는 이, 눈에는 눈'은 고대 율법의 핵심이자 아주 오래된 인간의 본능적 정서이기도 합니다. 고대 율법은 '인권'을 지키기 위해 쓰인 문서가 아니죠. 오히려 처벌을 위한 근거에 가깝습니다. 교화 가능성을 강조한 '인권'이나 '기본권'처럼 계몽주의적 사고를 거쳐 만들어진 근대 이후의 인위적인 법과는 분명한 차이가 있습니다.

여러분은 '피해자 인권'이라는 말을 어떻게 생각하시나요? 해외 사례를 살펴보겠습니다. 미국에는 1984년 제정된 '범죄피해자법(The Victims of Crimes Act)'이라는 것이 있습니다. 간략히 소개하자면 범죄의 피해자로서 형사소송 과정을 상세히 안내받고 방청할 권리, 제때 재판받고 사생활은 물론 어떤 위협으로부터도 보호받으며, 가해자로부터 보호받을 권리를 보장한 법입니다. 피고인에게 최대한 무거운 형벌을 내리는 데 초점이 있지 않습니다. 피해자 인권의 핵심은 '피해자의 권리'이지 '피고인에 대한 처벌'은 아니거든요.

이 사건에서 피해자는 이미 피고인 조선에 의해 인간으로서 가지는 가장 기본적인 권리, 인권의 가장 핵심적인 생명권을 뺏기거나 침해당했습니다. 살아남은 피해자들은 법에 따라 해당 재판에 대한 자세한 정보에 접근할 수 있음은 물론, 원한다면 증언도 할 수 있었습니다. 엄벌을 탄원할 수도 있었고요. 다만 이 같은 권리가 법이 정한 것 이상의 형벌을 조선에게 부과하도록 하는 것과는 다르죠. 피해자 인권에 근거해 논의됐던 각종 엄벌이 결국 임기 만료로 폐기된 데는 당시 분노로 들끓던 여론을 등에 업은 인기영합적 주장이었기 때문일 수도 있습니다.

사주한 자, 계획한 자,
실행한 자

2023년 3월 대낮에, 그것도 서울 강남 한복판에서 성인 여성을 납치해 살해하고 시신을 유기한 사건이 벌어져 전 국민이 공포에 떨었습니다. 이들 일당은 피해자의 권유로 코인 투자를 했다가 실패한 유씨·황씨 부부의 사주를 받아 천인공노할 범죄를 저질렀는데, 공판 과정에서 드러난 범행 계획을 들으면 그야말로 아연실색해집니다.

북파공작원이었다는 사실이 드러난 주범 이경우가 살인을 대가로 약속한 것은 제네시스 한 대와 1억 원이었습니다. 일당은 이 제안을 받은 날 바로 범행에 가담했습니다. 이들이 얼마나 치밀하게 범죄 계획을 세워 실행에 옮겼고, 그 뒤 법정에서 법적

책임을 가볍게 하려고 어떤 수를 썼는지를 따라가 봅니다.

영화 같은 범죄 계획, 궤변 같은 항변

강남 납치·살인 사건은 등장인물도 많고 살인을 계획하게 된 원래 사건까지 얽히고설켜 다소 복잡합니다. 일단 살인에 가담하고 공모한 인물은 총 7명. 주범 이경우와 그의 대학 동창 황대한, 황씨의 지인 연지호, 아는 동생 이진민, 살인을 청부한 유상원·황은희 부부입니다. 여기에 범행 도구 중 하나였던 마취제(케타민)를 제공한 이경우의 아내가 있습니다.

범행 당일 직접 피해자를 납치해 살해하고 시신을 유기한 건 황대한과 연지호입니다. 이경우는 모든 범행을 계획하고 범죄 도구를 마련한 주범이고요. 여기에 황대한·연지호의 아는 동생인 이진민은 범행 결행 직전 발을 뺐지만 모의 과정에는 가담했습니다. 피해자의 동선을 두 달 이상 쫓은 게 바로 이진민이었죠.

이경우에게 살인을 청부한 유씨·황씨 부부는 피해자 최씨와 비트코인 관련 소송 중이었습니다. 주범 이경우도 최씨와 소송까지는 아니었지만 최씨와 비슷한 갈등을 겪던 중이었고요. 살인을 청부한 부부와 계획한 이경우 모두 비트코인 사기 사건에서는 피해자에게 일종의 사기를 당한 사람들입니다. 즉 유씨·황씨 부부와 이경우는 피해자에 대한 원한 관계를 매개로 알게 된 사이였습니다.

직접 피해자를 살해한 황대한과 연지호는 범행 두 달 전 대전에서 이진민을 만나 함께 대청댐을 둘러봤습니다. 결과적으로 시신을 유기할 장소를 답사한 겁니다. 대청댐 탐방(?) 이틀 뒤 황대한, 연지호, 이진민, 이경우는 드디어 '완전체'로 서울 강남의 한 카페에서 접선합니다. 저녁을 함께 먹는 자리에서 이경우는 나머지 일당에게 '일을 마치고 난 뒤 굿을 예약해놨다', '내가 입는 수백만 원짜리 정장도 한 벌씩 사준다'라고 약속했습니다.

그러곤 근처 모텔로 가 본격적으로 범행을 꾸미기 시작하는데요. 이날 밤에 대해 이진민은 법정에서 직접 그림을 그려가며 증언했습니다. 범행 직전 발을 뺀 혐의가 상대적으로 가벼운 데다 형을 더 가볍게 하기 위해 나머지 일당의 죄를 여과 없이 묘사한 겁니다. 이진민의 진술이 나머지 셋에 비해 그나마 객관적이라고 볼 수 있는데요, 그의 증언을 들으면 범죄 영화에서 흔히 볼 수 있는 장면들이 떠오르기도 합니다.

2023.7.24 서울중앙지법 형사합의29부 강남, 납치·살인 사건 공판 중

검사 ── 연지호가 증인에게 "렌트 후에 대전으로 넘어가면 땅 파서 바로 하려(묻으려) 했거든"이라고 했잖아요. 이건 피해자를 납치해서 땅에 매장하려 한 건가요?

이진민 —— 아뇨, 영화처럼 협박하려고.

검사 —— 영화처럼 어디까지 묻으려 했나요?

이진민 —— 그런 건 모르겠습니다.

검사 —— 묻은 다음에 피해자를 꺼내주려고 했나요?

이진민 —— (저는) 범행을 실행하지 않아서 잘 모르겠습니다.

범죄 영화에 종종 나오는 바로 그 장면, 피해자에게 땅을 파게 해 그곳에 묻을 것처럼 겁을 주려고 했다는 겁니다. 자신의 지시가 아니었다는 것을 우회적으로 입증하려는 의도였을까요? 이 경우 측 변호인도 이 부분을 자세히 물어봅니다.

변호인 —— 저도 이 부분이 좀 의문이었습니다. 피해자가 현장에 도착하자마자 바로 연지호가 땅부터 팠나요? 협박을 이런 식으로 하자는 얘기들이 사전에 있었습니까? 지나가는 얘기로라도요.

이진민 —— 기억나지 않습니다.

변호인 —— 근데 정확히 언제, 어디, 누가 이런 부분은 생각나지 않는다?

이진민 —— 네.

변호인 —— 역삼동 모텔에서 증인에게 "피해자 부부를 납치하

고 가방을 이경우한테 줘. 너는 운전만 해. 중국인들, 대림동 장
기적출 하는 곳까지 (피해자를) 데려다주기만 하면 된다." 이 말
은 황대한이 한 건가요, 연지호가 한 건가요?

이진민 —— 잘 기억 안 나요.

변호인 —— 이런 사실이 없었다는 건가요, 기억나지 않는다는
건가요?

이진민 —— 했는지 안 했는지 모르겠어요.

변호인 —— 이경우가 사람을 납치해서 살인하겠다는 생각을 가
졌었으면 어떻게 살인할 것인지에 대한 진술이잖아요, 이 말
은. 납치해서 가방을 어떻게 할 건지, 대림동 장기적출 하는 곳
까지 데려간다, 이런 건 범행 방법에서 중요한 건데요. 살인 계
획에 대한 내용에 대해 증인이 기억나지 않는 것은 그런 얘기
가 없었기 때문 아닌가요?

이진민 —— 제 역할은 운전하는 거라 그런 기억이 안 나요.

법정에서 일당은 계획 범죄가 아니었다고 주장하는 데 집중했
는데, 특히 범행 직전 잠수를 타 강도예비 혐의만 받던 이진민은
이 상태를 유지하기 위해 더욱 적극적으로 '무계획 살인'이었다
고 주장했습니다. 얼마나 설득력이 있는지는 직접 판단해보시기
바랍니다.

검사 —— 2023년 1월부터 황대한과 연락하다 만나기로 했잖아요. 처음부터 말해보세요.

이진민 —— 오랜만에 새해 안부차 연락드렸습니다. 대전에서 병원 진료 후 만나기로 해 만났습니다.

검사 —— 황대한은 뭐라고 하면서 만나자고 하던가요?

이진민 —— 뭐라 하면서 만나자는 건 아니었고, 병원 진료 보고 나서 만나자고 해서 만났습니다.

검사 —— 황대한과 연지호를 만난 자리에서 황대한한테 무슨 얘기를 들었나요?

이진민 —— 음… 코인을 가진 사람이 있다, 그 코인을 뺏자는 얘기를 들었습니다.

검사 —— 황대한이 코인 뺏는 거 제안할 때 승낙했어요?

이진민 —— 그렇습니다.

검사 —— 왜 승낙했어요?

이진민 —— …. 그냥 하자고 해서 승낙했습니다.

(이진민이 한동안 대답하지 못하자 재판부가 빤히 쳐다보기도 했음.)

검사 —— 황대한은 피해자를 죽일 생각이 없었다고 주장하는데, 황대한이 증인(이진민)한테 피해자 부부를 납치하고 죽인다고 얘기했나요?

이진민 —— 정확히 죽일 거라고는 하지 않았습니다.

검사 —— 황대한한테 그런 제안을 받고 증인이 승낙했다고 했잖아요. 그 뒤로 어떻게 이동했고 어떤 일이 있었나요?

이진민 —— 대청댐에 갔다가 흩어져서 다시 서울로 왔습니다.

검사 —— 야산을 둘러보고 간 것 보면 피해자 최씨를 암매장하려고 계획했던 건 아닌가요?

이진민 —— 그건 아닌 것 같습니다.

검사 —— 그러면 그날 저녁에 서울에 와서 뭐 했어요?

이진민 —— 피해자 사무실에 도착해서 나오는 걸 기다리다 차량을 따라갔고 집에 들어가는 걸 봤습니다.

검사 —— 피해자를 납치한 다음에 어떻게 하기로 했어요?

이진민 —— 그다음에 어떻게 할 계획은 없었습니다.

이진민은 피해자를 1월부터 두 달 넘게 미행했고, 피해자 부모가 사는 경기도 양평도 찾아갔습니다. 그가 받은 혐의는 강도예비로, 이경우·연지호·황대한에 비하면 아주 가벼웠죠. 주범인 이경우는 자신이 직접 피해자를 살해한 것은 아니니, 이진민의 입을 통해 이 모든 범행 계획을 자신이 세운 게 아니라는 것을 입증해 혐의를 가볍게 하고 싶어 했습니다. "코인을 뺏으려고만 했을 뿐 황대한과 연지호가 피해자를 죽일 줄은 몰랐다"라면서요.

일당은 법정에서 처음부터 살인 의도가 있었던 것은 아니라고 줄기차게 항변했습니다. 모든 계획의 꼭대기에 있는 이경우는 자신이 계획한 게 아니라는 것을, 직접 범행을 저지른 황대한과 연지호는 계획은 이경우가 했다는 것을, 이진민은 살인까지 계획한 줄은 몰랐다는 것을 입증해 형을 가볍게 하고 싶었던 겁니다.

하지만 일당은 처음 만난 그날 피해자를 암매장할 장소를 물색했고 미행을 시작했다는 것이 충분히 입증됐습니다. 검찰이 공개한 연지호와 이진민의 통화 녹취록에서 확인되는 "주사기를 새로 받아 왔다", "다 포기하고 베트남으로 튈까", "죽이고 나서 튀든 말든 해야 할 것 아니냐"라는 대화가 이를 방증하고요. 그렇다면 재판부는 어떻게 판단했을까요?

가장 무거운 죗값은 누가 치러야 할까

검찰은 1심과 2심에서 이경우와 황대한, 범행을 사주한 부부에게 사형을 구형했습니다. 법리적으로는 크게 다툴 여지가 없다는 평입니다.

그렇다면 7명 중 누구의 죄가 가장 무거운 것 같으십니까? 먼저 "코인을 뺏으려고만 했을 뿐 황대한과 연지호가 피해자를 죽일 줄은 몰랐다"라고 한 이경우의 주장을 살펴보겠습니다.

1심 재판부는 이경우·황대한·연지호의 살해 공모 사실을 인정하면서, 설령 살해까지는 아니더라도 "살해할 수 있다는 점을 미필적으로나마 인식했다"라고 봤습니다. 앞서 언급했듯이, 살해를 염두에 둔 듯한 일당의 대화와 메모 등을 근거로 한 판단입니다. 또 피고인들이 "현실성 없고 허구적이라고 생각했다"는 장기적출을 하는 곳, 실종 처리 여부 등의 계획을 일단 추진했다는 점 등 역시 살인 계획으로 봤습니다.

피해자 살해를 직접 행동으로 옮긴 황대한과 연지호는 '치사량에 해당하는 만큼 많은 양의 마취제인 줄 몰랐다'라는 취지로 항변했습니다. 고의로 죽인 게 아니라는 주장의 연속선상입니다. 재판부는 이에 대해서도 "피해자를 살해하기로 공모했고, 이에 따라 피해자를 납치 및 살해 후 암매장하려 했다"라며 "피해자가 일련의 과정에서 투약된 케타민 중독으로 인해 사망했고, 이 자체는 피고인이 의도한 게 아니라고 하더라도 피해자를 살해한다는 피고인의 의도가 결국 실현됐다"라고 판단했습니다. 살해 계획을 세운 것이 인정되고 그에 따른 결과로 피해자가 사망했으니, 케타민 투약이든 매장이든 그 방법은 중요하지 않다는 겁니다.

재판부는 "이경우, 황대한은 살해의 고의를 부인하고 있고 최초로 범행을 제안한 것이 자신이 아니라며 서로 상대방에게 범행을 떠넘기고 있다. 이들이 진심으로 자신들의 죄를 뉘우치는 것인지 깊은 의문이 든다"라며 각각 무기징역을 선고했고, 연지호는 자백한 점을 고려해 징역 25년을 선고했습니다.

그렇다면 이들에게 살인을 청부한 유씨·황씨 부부는 어떤 판결을 받았을까요?

이들 부부는 '이경우와 살인을 공모한 적이 없고 언론 보도와 수사 과정에서 이경우가 어떤 범행을 저질렀는지 알게 됐다'라고 발뺌했는데요. 재판부는 이들 부부가 범행 8개월 전인 2022년 7월부터 이경우와 만나 피해자의 코인을 뺏을 방법 등을 논의한 점에 주목했습니다. 이때부터 세 사람은 대포폰·대포차·마취약을 구할 방법을 논의했고, 이를 살 돈 7,000만 원을 유씨·황씨 부부가 이경우에게 건넸거든요. 유상원과 이경우가 이후 반년 동안 대포폰으로 연락한 횟수만 53차례에 이릅니다.

이들 부부에게는 각각 징역 8년(유씨)과 6년(황씨)이 선고됐습니다. 재판부는 "이경우와 살해까지 사전에 모의했다고 보기는 어려울 뿐 아니라 살인에 대한 직접적 증거가 있다고 보기 어렵다"라면서도 "부부는 이경우에게 범행 비용을 제공했고 납치 이후에는 피해자의 코인지갑 복원을 위해 휴대전화 탐색에 적극 참여하는 등 강도 범행에 적극적으로 참여했다"라고 인정했습니다.

2심과 대법원의 판단도 크게 다르지 않았습니다. 다만 조금씩 감형이 됐는데, 범행을 자백해 1심에서부터 나머지 일당보다 가벼운 형을 받았던 연지호에게는 2년이 더 감형된 징역 23년이 선고됐습니다. 피해자를 두 달 동안 미행한 이진민은 징역 5년에서 1년을 감형받았고요.

　결과적으로 범행을 계획한 이경우와 직접 실행에 옮긴 황대한
이 가장 무거운 죗값을 치르게 됐는데, 여러분은 이 결과에 수긍
이 가시나요?

2

단
죄
의

말

'빌라왕' 재판,
악은 그렇게 완성됐다

새가 알을 낳고 사는 곳이란 뜻의 '보금자리', 흔히 아늑한 집을 표현할 때 쓰는 단어죠. 그런 집이 한순간에 지옥으로 바뀐 '전세 사기' 사태가 대한민국을 뒤흔들었습니다.

이번 이야기는 대한민국 전세 사기 사태의 출발을 알린 '서울 강서구 빌라왕' 재판입니다. 김씨는 서울 강서구와 구로구, 인천 등에 400채가 넘는 빌라를 보유한 빌라왕입니다. 하지만 그는 명의만 빌려준 바지사장이었을 뿐 '진짜 빌라왕'은 부동산 업체 대표 신씨였습니다. 신씨를 도와 잡무를 했던 직원들은 법정에서 '난 그저 심부름을 했을 뿐이고, 다들 그렇게 했다'는 말만 반복했습니다.

이들의 행위는 그저 심부름이었을까요? 그리고 이들의 당당한 모습을 본 판사는 어떤 생각을 했을까요? 여러분도 직접 보고 판단해보시길 바랍니다.

"전 대리로 계약서만 썼는데요?"

전세 사기 구조는 의외로 간단합니다. 부동산 컨설팅 업체가 빌라 건축주에게 접근해 매물을 원하는 가격에, 빠르게 팔아주겠다고 제안합니다. 빨리 팔아준다고 하니 건축주 입장에선 거부할 이유가 없죠.

부동산 컨설팅 업체는 전세 세입자를 먼저 구합니다. 자신들이 직접 구하기도 하고, 다른 부동산 사무소에서 알선을 받기도 하죠. 이때 전세 가격은 매매 가격과 같거나 더 높게 설정합니다. 시세가 잘 파악되지 않고, 같은 동네여도 시세 차이가 크다는 빌라의 특성을 노린 겁니다. 이후 전세 세입자가 나타나 전세금을 주면, 부동산 업체는 그 돈으로 빌라를 매수합니다. 미리 구해놓은 바지사장 명의로 말이죠. 이렇게 자기 돈은 한 푼도 안 들이고 빌라를 사들이는 겁니다.

전세 가격을 매매 가격보다 높게 설정했기에 빌라를 사들인 후에도 돈이 남는데, 그 돈은 자기들끼리 리베이트라며 나눠 먹습니다. 세입자가 낸 전세금으로 빌라를 매매하고, 남은 돈은 나눠 먹기 때문에 세입자의 돈은 공중분해 됩니다. 그들은 이런 방법을 반복해 수백 채의 빌라를 보유한 '왕'이 됩니다.

서울 강서구와 양천구, 인천 등에서 전세 사기 범행을 벌인 '강서구 가짜 빌라왕' 바지사장 김씨, 그의 배후였던 '진짜 빌라왕' 부동산 업체 대표 신씨의 범행도 이와 같았습니다.

이들의 1심 재판은 서울중앙지법 형사10단독이 맡았습니다. 2023년 4월 12일과 21일 재판에는 신씨의 부동산 업체에서 일했던 직원들이 증인으로 출석했습니다.

첫 번째 증인인 직원 A씨는 대표 신씨의 지시를 받아 바지사장 김씨 명의로 빌라를 대리로 사들인 업무를 한 사람입니다.

2023.4.12 서울중앙지법 형사10단독, 강서구 빌라왕 공판 중

검사   신씨가 자기자본 투자 없이 소유권을 이전받는 업무를 진행한 것 맞나요?

A씨 —— 전 그것까진 모릅니다. 부동산 업무만 했습니다. 그때 당시 무자본 이런 얘기는 없었고, 김씨(바지사장)가 돈도 많고 건설업도 하는 사람이라는 얘기를 들었습니다.

검사 —— 증인은 김씨가 무자본으로 강서구 화곡동, 개봉동 빌라를 매수하는 과정에서 중개 역할 한 것이 있죠?

A씨 —— 네. 그것 때문에 경찰 조사를 받았습니다.

검사 —— 화곡동 빌라는 신씨가 '차비로 30만 원을 주겠다'면서 김씨의 위임장을 넘겨줬죠?

A씨 —— 네.

검사 —— 그래서 신씨 지시대로 김씨 위임장을 갖고서 화곡동 빌라 분양사무소에 가서 김씨를 대리해서 계약서에 도장을 찍었죠?

A씨 —— 네.

검사 —— 증인은 개봉동 빌라 분양실장이 '투자자를 알아봐 달라고 했다'고 신씨에게 얘기했고, 그러자 신씨가 김씨를 연결해줬죠?

A씨 —— 네.

검사 —— 증인은 김씨를 대리해서 계약 체결 업무를 하고 신씨에게 한 건당 30만 원씩 받았죠?

A씨 —— 네. 저는 그냥 도장만 찍어주고 다녀오라고 해서 그런 것이고요.

이번엔 신씨의 변호인이 묻습니다. 이번 재판에서 신씨 측의 전략은 자신들의 책임을 조금이라도 덜어내는 방향으로 설정한 것으로 보입니다. 신씨만의 범행이 아니라 바지사장 김씨는 물론 부동산 업체 직원 등 모두가 참여한 행위라는 점을 강조해 신씨의 책임을 조금이나마 줄이려는 전략이었죠.

변호인 —— 증인은 계약 당시부터 이미 무자본 투자를 알고 있었던 것 아닙니까?

A씨 —— 당시에 전세가와 매매가가 같다는 것은 알았습니다. 무자본 뭐 그런 얘기는 없었습니다.

변호인 —— 매매가와 전세가가 같다는 것을 처음 소개할 때도 알았다는 거죠?

A씨 —— 네.

A씨는 당당했습니다. 그러자 이를 지켜보던 판사가 묻습니다.

판사 —— (화곡동, 개봉동) 두 건 모두 이미 전세 세입자가 있었다는 것을 알았죠?

A씨 —— 저는 매매 계약서를 쓰러 간 거예요.

판사 —— 전세 세입자의 임대차 보증금(전세금)이 얼마인지 알고 계약한 것이죠?

A씨 —— 정확하게는….

판사 —— 대충 알고 한다고요? 전세 세입자의 임대차 보증금이 얼마 있는지도 모르고 매매 계약을 한다는 건가요?

A씨 —— 그건 생각 못 했습니다.

판사 —— 그걸 왜 생각을 안 합니까? 임대차 보증금은 빌라 매수자가 부담할 채무인데 그걸 모르고 매매를 합니까?

A씨 —— 거의 같은 것으로 알았습니다. 전세 금액이나 매매 금액이나….

판사 —— 매매 가격이랑 임대차 보증금 채무가 똑같은 것을 알고 계약했다는 것인가요?

A씨 —— 네. 그 당시엔 다 그랬습니다.

판사 —— 증인이 확인하고 도장 찍었을 것 아닙니까?

A씨 —— 전세 계약서나 금액은 제가 확인하지 않았습니다. 매매 계약서만 했기 때문에….

판사 —— 애초에 그러면 임차 보증금이 얼마 들어왔는지는 관심이 없었다는 거네요?

A씨 —— 똑같거나 비슷하거나….

바지사장 김씨를 대리해 빌라 매매 계약을 맺고 매번 수고비로 30만 원을 받았다는 A씨가 정작 채무로 승계되는 전세 세입자의 전세금이 얼마인지는 관심이 없었다는 식으로 말하자, 판사의 목소리가 높아집니다. 그러자 A씨의 태도가 몰라보게 달라집니다.

판사 —— 전세가를 추측만 하고, 확인도 안 하고 매매 계약에 도장을 찍었다는 것인가요?

A씨 —— ….

판사 —— 맞습니까? 맞아요? 증인은 단순히 심부름이라고 하고, 하나는 아는 사람 소개로 갔다고 하는데, 개봉동 빌라는 임대차 보증금이 얼마인지 알고 계약했습니까?

A씨 —— 네. 매매랑 전세가 같은 것으로 알았습니다.

판사 —— 증인이 지금 살고 있는 곳은 자가입니까? 임대차입니까?

A씨 —— 자가입니다.

판사 —— 증인이 만약 지금 전세를 줄 때 매매가와 전세가를 같은 가격에 줄 수 있습니까?

A씨 —— 없습니다. 지금은….

판사 —— 안 되죠? 근데 이때는 왜 그렇게 계약했습니까?

A씨 —— 제가 좀 말씀드리면 판사님에게 반항하는 것은 아닙니다만, 그때 당시에 시장 상황이 거의 그랬습니다. 그 집만 그런 것이 아니라….

판사 —— (한숨을 쉬며) 전세 가격이 오를 수 있다는 것도 결국은 매매 대금 범위 내에서 70~80%지, 100%가 되는 경우는 없잖아요? 본 적 있어요? 다 그렇다고 해서 그게 맞는 것은 아니잖아요?

A씨 —— 네….

판사 — 그래서 지금 문제가 되고 있는 것 아닙니까?

A씨 — 네….

판사가 계속해 묻습니다.

판사 — 생각해보세요. 매매 대금과 전세 보증금이 같으면 그 중에서 증인한테 돈을 주고, 중간에 부동산에도 돈을 주고 나면 실제 가격은 더 낮아야 하는 것이잖아요? 그때는 생각 못 했습니까?

A씨 — 죄송합니다.

판사 — 미안한 것이 아니라 그때 그런 생각을 했냐고 묻는 겁니다.

A씨 — 못 했습니다.

판사 — 증인이 심부름을 하거나 소개하는 입장에서 봐도 전세랑 매매 가격이 똑같고, 거기서 리베이트 일부 금액이 빠지면 결국 건물의 실질 가치는 임차 보증금보다 모자란 것이 맞잖아요? 당연히 그 구조 아닙니까?

A씨 — (리베이트는 전세금에서 주는 게 아닌) 건축주가 따로 주는 줄 알았습니다.

판사 — 건축주가 그러면 손해 보고 팔아요? 증인 말대로라면 건축주는 손해 보고 파는 거잖아요.

A씨 ── 깊게 생각해보지 못했습니다.

판사 ── 증인은 수수료만 받으면 끝입니까? 실제로 매수인(바지사장 김씨) 입장에선 돈이 나간 것은 하나도 없는 거네요? 오히려 돈을 받기만 하고요?

A씨 ── 네.

판사 ── (한동안 말을 하지 않다가) 증인 부동산 중개업을 얼마나 했습니까?

A씨 ── 7년 했습니다.

판사 ── 7년 동안 중개 업무를 하면서 매매 대금의 100%로 전세 계약을 체결한 적 있습니까? 신축 빌라 빼고요.

A씨 ── ….

판사 ── 다르게 물어보겠습니다. 임대인이 우리 집 가격이 10억 원인데, 10억 원짜리 전세 세입자를 구해달라고 하면 그 물건 받습니까?

A씨 ── 안 받습니다.

판사 ── 상식이죠?

A씨 ── 네….

판사 ── 결국 증인도 아는 거잖아요? 그때도 임차인이 손해 보는 구조임을 충분히 알고 있었던 것 아닙니까?

각자의 행동이 모여 완성된 '사회적 재난'

이번엔 또 다른 증인인 중개 보조원 B씨가 증인석에 섰습니다. 자신을 찾아와 전세를 문의한 손님을 신씨에게 소개해주고 알선료를 받은 사람입니다.

검사 —— 2020년 4월에 세입자 ○○○이 전세 가능한 집을 알아봐 달라고 해서 은평구 신사동의 한 빌라를 소개해줬죠?

B씨 —— 그분이 세입자인가요?

검사 —— 네. 임차 계약을 중개해준 적 있습니까?

B씨 —— 계약을 저희 부동산 통해서 하는 줄 알고 가려고 했는데, 임대인 측 부동산(신씨 업체)에서 하겠다고 했습니다. 임대인 이름은 모르고, 계약서 작성을 본 적은 없습니다.

검사 —— 부동산 중개 사이트에는 해당 빌라 전세 가격이 2억 4,500만 원이고, 리베이트가 400만 원이라고 적시된 광고가 있었죠?

B씨 —— 경찰 조사에서도 말했는데 그때 당시에 2~3년 전 일이라 기입돼 있었는지는 기억이 안 나는데, 보통 일반적으로 기입돼 있습니다. 수수료를 줄 테니 손님을 모셔달라는 것으로 작성돼 있습니다.

검사 —— 증인은 2020년 4월에 임대인 측 부동산으로부터 400

만 원을 송금받은 것이 확인되는데, 맞나요? ○○○에 대한 리베이트죠?

B씨 —— 네.

B씨는 임대인 측 부동산에서 계약했다고 하니 자신을 찾아온 전세 문의 손님을 소개해주고 돈을 받았을 뿐이라고 말합니다. 그는 변호인의 질문에도 그 입장을 유지했습니다.

변호인 —— 2억 4,500만 원의 법정 중개 수수료(0.3%)가 70만 원인데, 400만 원이면 6배 정도의 비용입니다. 그것이 특별히 많은 금액이 아니라고 했는데 이것보다 더 많은 돈이 빌라 거래에선 흔합니까?

B씨 —— 건축주가 매매를 해준다면 1,000만 원이나 2,000만 원 그 이상도 주겠다고 제시합니다. 신축 건물 답사를 돌다 보면 현장 실장들이 그렇게 얘기합니다. 그때도 임대인 측 부동산 (신씨 업체)이 집주인에게 1,000만 원을 받아서 저에게 400만 원을 주는 것인지는, 제가 물어봐도 본인들이 가져간 돈을 사실대로 말해줄 것도 아니고요. 그래서 정해진 대로 받은 겁니다.

변호인 —— 아파트는 시세가 정해져 있고요. 빌라는 호가라는 표현을 썼는데 집주인 마음에 따라서 천차만별인가요?

B씨 —— 네. 저는 그때 경찰에서 피의자라고 했는데 저 때문에 무슨 피해가 발생했냐고 물어보니깐 리베이트 관련해서 문제

가 된다고 하더라고요.

'저 때문에 무슨 피해가 일어났느냐고 물었다'는 B씨의 말에 판사가 질문을 시작합니다.

판사 —— 지금 뭐가 문제가 되는 것인지 모르겠다는 겁니까? 그러면 증인은 이 사건 거래와 관련해서 임차인을 신씨 측 부동산에 데려다주고서만 400만 원을 받은 것이네요?

B씨 —— 중개를 했습니다.

판사 —— 중개요? 데려다준 것 외에 뭘 했습니까?

B씨 —— 임차인이 원하는 물건을 추렸습니다.

판사 —— 법정 중개 수수료가 얼마입니까?

B씨 —— 0.3%입니다.

판사 —— 70만 원입니다. 계약서 작성, 임대차 관련 매매 물건 확인서, 공제 증서 이런 것을 다 제공하는 게 전제죠?

B씨 —— 제가 그때 스물네 살이어서….

판사 —— 그게 전제되는 것이 맞죠?

B씨 —— 제가 직접 작성하지 않으면 돈을 받으면 안 되는 것인지 그 개념이 없었습니다.

판사 —— 그렇게 하고서 70만 원을 받는 것이 맞죠?

B씨 —— 네….

판사 —— 근데 이 사건은 중개 의뢰인한테 물건을 보여주고, 뭐 본인은 추렸다고 말하니깐 추려서 보여주고, 소개해주고 400만 원을 받은 것이죠?

B씨 —— 네.

판사 —— 이상하다고 생각 안 했습니까?

B씨 —— 당시엔 그렇게 이상하다고 생각 안 했습니다.

판사 —— 지금은요?

B씨 —— 지금은 언론에서 나온 뉴스를 많이 봐서요. 제가 부동산 일을 관둔 것도 그런 이유였습니다.

판사 —— 단순하게 증인이 그 돈을 안 받았다면 임차인이 400만 원을 깎을 수 있는 것 아닙니까?

B씨 —— 네. 임차인에게 드리거나, 받지 않을 테니 전세금을 깎아달라고 할 수 있습니다.

판사 —— 증인, 3억 원짜리 집을 전세 3억 원으로 내놓은 물건을 소개해줄 것인가요?

B씨 —— 알고 있다면 소개 안 해줍니다.

판사 —— 적어도 중개 보조원이면 제시된 임대차 보증금이 적정한 것인지 조언할 생각은 했나요? 이 사건에서는 판단했나요?

B씨 —— 조언은 드리지만 저는 어떻게든 계약을 성사시켜야 하는 입장이라서 최대한 많은 물건을 찾아서 금액, 면적, 연식을

기입해서 좀 더 좋은 선택을 하도록 했습니다.

판사 ── 그건 증인이 중개할 물건을 고르는 것과 뭐가 달라요? 그건 의뢰인을 위한 작업이 아니잖아요?

내가 뭘 잘못을 했냐며 당당하던 이들이었지만, 판사의 물음에 목소리가 점차 기어들어 갔죠.

이후 4월 23일 열린 재판에도 부동산 업체 직원 2명이 증인으로 출석했습니다. 이들 역시 대리로 계약해 빌라를 사는 일에 관여했습니다. 다만 이들의 태도는 앞서 본 2명의 증인과 사뭇 달랐습니다. '그땐 몰랐는데 이런 행동들 때문에 문제가 생긴 것 같다', '확인하지 못했다' 등 당당함보단 솔직하게 재판에 임하는 느낌이었죠.

사실 12일 재판과 23일 재판, 그사이에 많은 일이 벌어졌습니다. 경기 동탄에서 전세 사기 사건이 터졌고, 인천 미추홀구 전세 사기 피해자가 스스로 목숨을 끊는 충격적인 일이 발생했습니다. 사회적 재난이라는 말까지 나오는 상황이었죠. 이들이 이를 의식한 것인지, 아니면 진짜 잘못된 행동이라고 생각한 것인지는 본인들이 아닌 이상 알 방법은 없습니다.

12일 재판 말미에 판사는 작은 목소리로 이렇게 말했습니다.

판사 ── 집 구하는 사람의 입장을 고려하는 사람은 없었고, 다들 자기 돈만 관심이 있고, 위험한 물건인지 그것에 대한 안전 보장 역할을 한 사람은 아무도 없었다, … 전체적으로 거래 관계 전반에 대해서 조금씩 부조리, 잘못이 있었다는 취지의 변호인 주장에는 어느 정도 공감이 됩니다. 다만 그게 과연 피고인 죄책에 대해서 경감될 부분인지는….

판사는 24일 재판의 증인 신문이 끝난 뒤에도 "이 말도 안 되는 구조"라고 나지막이 말했습니다.

전세 사기 범행 초기엔 부동산 업체 대표와 바지사장 등 윗선 처벌에 수사 초점이 맞춰졌습니다. 하지만 최근엔 전세 사기 범행 과정에 크고 작게 관여한 대부분의 조력자에 대해서도 '범죄단체 조직죄'가 적용돼 처벌이 이뤄지고 있습니다.

서울 강서구 전세 사기 재판에서도 나타나듯, 전세 사기 범행에는 과정 과정마다 크고 작은 역할을 행한 자들이 있었습니다. 이들은 서로의 이해관계가 맞아떨어지자 힘을 모았고, 그렇게 범행은 완성됐습니다.

증인들은 그저 심부름을 했을 뿐이라고 말합니다. 죄가 될 줄 몰랐다는 어처구니없는 말을 하죠. 악은 의외로 평범하다며 '악의 평범성'을 말한 철학자 한나 아렌트는 "타인의 고통을 헤아릴 줄 모르는 생각의 무능은 행동의 무능을 낳는다"라고 했죠. 아무 생각 없이 한 행동들이 때론 악으로 이어질 수 있다는 경고

128

입니다.

이젠 이번 범행의 주범인 바지사장 김씨와 부동산 업체 대표 신씨의 말을 들어볼 차례입니다.

죄가 될 줄 몰랐다는 말

6월 7일, 서울 강서구 전세 사기 사태를 일으킨 핵심 피고인 2명이 나란히 법정에 섰습니다. 부동산 컨설팅 업체를 운영한 신씨, 그리고 그에게 명의를 빌려준 대가로 돈을 받고 빌라 수백 채의 소유주가 된 김씨였습니다. 이들이 2019년 7월부터 2020년 8월까지 챙긴 빌라만 457채에 달합니다. 확인된 피해 금액만 무려 80억 원에 달하죠.

신씨와 호흡이 척척 맞았던 김씨는 이날 증인 신문에선 억울하다고 말합니다. 자신은 명의만 빌려줬다는 겁니다.

2023.6.7 서울중앙지법 형사10단독, 강서구 빌라왕 공판 중

김씨 —— 신씨가 빌라 관련해서 분양 사업을 하고 있다며 등기를 쳐야 하는데 자기 와이프 앞으로도 몇 개 했지만 신용 문제 때문에 어려움이 있다고 했습니다. 그러면서 저한테 신용도에 문제가 없느냐고 물어봤고, 그래서 제가 특별히 문제는 없는데 좋은 편은 아니라고 했습니다.

제가 그때 투자할 여력은 없어서 돈 들어가는 것이 아니고, 문제가 없다면 도와주겠다고 하고 전화를 끊었습니다. 이후에 제가 몇 가지를 체크하고 오케이했습니다. 명의를 제공하고 법적 문제가 없도록 해보자고 했습니다.

검사 —— 증인(김씨)은 경찰 조사에서 매입 방식은 알지 못했다고 진술했는데 맞습니까?

김씨 —— 네.

검사 —— 증인은 2020년 중반에서야 등기부등본 등 부동산 관련 서류를 보고서 무자본 갭투자, 즉 빌라를 매수할 때 자기자본 투자가 없는 방식으로 매입하고 있었다는 사정을 알게 됐다고 진술한 것이 맞나요?

김씨 —— 네. (중략) 사실은 제가 사업 구조나 자금 흐름에 전혀 관심이 없었습니다. 일절 안 물어본 상태에서 제공했습니다.

결국 신씨의 부탁으로 자기는 방식도 모른 채 명의만 제공했을 뿐이라는 것이 김씨 주장입니다. 그러던 중 보유하게 된 빌라에 부과된 세금 등을 내지 못하면서 2020년부터 압류되는 상황이 발생하자 그제야 이번 일을 알게 됐다고 주장합니다.

김씨 ── 구체적으로 알게 된 것은 경찰에 체포돼 조사받는 과정에서였고요. 그 전에는 이렇게 한다는 것도 몰랐습니다.

검사 ── 동시진행 자체를 몰랐다고요?

김씨 ── 제가 어떤 식으로 돌아가는지 물어보는 것 자체도 제 기준에선 월권이라고 생각해서 안 물었습니다.

검사 ── 그런데 신씨의 신용도가 안 좋아서, 증인이 명의를 빌려준 것인데 아무런 대가를 받은 게 없어요? 아무런 대가 약속이 없었어요?

김씨 ── 대가를 바라고 한 것이 아닙니다.

검사 ── 증인이 빌라 명의자가 되면 임대차 보증금 반환 의무자가 되잖아요. 위험 부담을 떠안는 것인데 아무 대가가 없었어요?

김씨 ── 제가 사실 이 자리에 있는 게 그것 때문인데요. 너무 안일하게 생각했던 것 같고요. 2~3년 후 상황을 생각 못 하고 단순하게 생각한 것 같습니다.

'나는 모른다'는 김씨의 주장에 신씨 측은 발끈했습니다. 진흙탕 싸움의 서막이 오른 겁니다. 신씨 측은 김씨가 수백 채의 빌라에 대해서 근저당권을 설정한 부분을 집중 공략했습니다. 애초에 돈 한 푼 들이지 않고 사들인 빌라를 담보로 하여 돈을 빌릴 목적으로 이번 일에 나선 것 아니냐는 겁니다. 이에 김씨는 돈을 빌리려고 근저당을 설정한 것이 아니라, 신씨 부탁으로 자신이 보유하게 된 빌라들이 종합부동산세 등으로 가압류 문제가 발생하고 전세 보증금을 돌려주지 못하게 되자 이를 해결하기 위해 설정한 것이라고 반박합니다.

신씨 측 변호인 —— 증인(김씨)이 전세 세입자로 전세 계약한다면 근저당, 가압류가 있으면 전세 계약이 됩니까? 증인 명의로 된 480채 중 50%가 근저당권이 설정됐어요.

김씨 —— 그건 이후의 문제입니다.

신씨 측 변호인 —— 2년 사이에 증인 소유 빌라의 50%가 근저당 설정이 됐어요. 문제가 없는 게 아니잖아요.

김씨 —— 근저당이 들어와도 보증보험이 있으니 세입자는 문제가 없어요. 근저당 대부분은 제가 돈을 빌리면서 설정한 것이 아니라 이런 문제(가압류 등)가 생겨서 처리해야겠다는 생각에서 매매와 소유권을 넘기려고 설정한 것인데 진행은 안 됐습니다.

신씨 측 변호인 —— 증인 입장은 명의만 빌려준 것이지 저렇게 된 줄 몰랐다는 것이죠? (그런데) 증인이 일부 부동산은 직접 계약을 했어요.

김씨 —— 전혀 없다고요.

신씨 측 변호인 —— A빌라 전세 계약 관련해서 세입자와 중개인,

매도인 모두 증인이 와서 계약했다고 진술했습니다.

김씨 —— 그 부분은 제가 설명을 좀….

재판부 —— 한 적 있습니까? 그것만 말하세요.

김씨 —— 제가 주도적으로 한 것은 아니고 제가 꼭 가야 할 상황이 생기면 신씨가 저에게 요청한 적이 있습니다.

신씨 측은 김씨가 애초에 돈을 돌려줄 생각이 없었다는 점을 부각하는 데 계속 힘을 쏟았습니다.

신씨 측 변호인 —— 세입자가 보낸 문자입니다. 전세 계약 연장하지 않겠다고 문자를 주고받았어요. 증인이 빌라 수백 채를 보유하고 있을 때죠?

김씨 —— 네.

신씨 측 변호인 —— 문자가 '303호 세입자'로 저장돼 있는데 누군지 알았어요? 당시 증인 명의 빌라가 수백 채인데요?

김씨 —— 세입자인 것만 알죠.

신씨 측 변호인 —— 보통 저러면 어느 빌라 303호인지 물어보겠죠?

김씨 —— 제가 다 기억을 못 해서 세입자인 것만 알고 답장한 것 같습니다.

신씨 측 변호인 —— 아니 저게 무슨 계약 건인 줄 알고 답변을 합니까? 거짓이잖아요? 어디 빌라인지도, 누구인지도 모르는데요. 돈을 받고 근저당권 설정했죠?

김씨 —— 네.

신씨 측 변호인 —— 왜 물어봤냐면 증인은 신씨에게 명의만 빌려줬다고 했잖아요. 그런데 사실상 처음부터 빌라를 소유한 뒤에 기존 거래처에 담보로 제공해서 돈 빌리려고 한 것 아니에요? 그렇게 수사도 받았잖아요.

김씨 —— 전혀 아니고요. 나중에 종부세가 체납돼 압류되면서 제가 해결하려는 상황에서 벌어진 것입니다. 대부분 그렇게 설정한 겁니다.

신씨와 김씨의 재판 전략은 명확합니다. 상대방에게 책임을 더 떠넘겨 자신의 형량을 줄이는 것이죠. 그래서 김씨는 '명의만 빌려줬을 뿐이다', 신씨는 '김씨의 잘못이 더 크다'를 주장한 겁니다.

사기 혐의의 구성 요건 중 핵심은 '상대방을 기망하려는, 즉 속이려는 의도가 있었느냐'입니다. 이번 재판에선 수백 채의 빌라를 사들인 이들이 추후에 세입자에게 돌려줘야 할 막대한 전세 보증금을 변제해줄 자력(경제력)이 있었는지, 이를 확인했는지도 중요한 부분으로 꼽혔습니다.

재판부 —— 어쨌든 소유권을 이전받으면 임차인에 대한 의무는 증인이 진다는 것은 알았죠?

김씨 —— 네.

재판부 —— 그 상황에서 신씨가 증인의 자산이 얼마나 되는지 파악하거나 전세 보증금 반환과 관련해서 합의를 한 적은 있습니까?

김씨 —— 없습니다.

재판부 —— 자력에 대해 증인이 확인해준 적은 있습니까?

김씨 —— 그런 부분은 제가 별도로 보증금을 반환하는 조건이 아니라서, 이번 일을 시작할 수 있었던 겁니다.

재판부 —— 왜 (보증금 반환이) 증인의 조건이 아닙니까?

김씨 —— (기존 세입자가 나가면) 새로운 세입자를 구한다고 했고, 보증보험 가입도 100%라고 신씨가 말했습니다.

재판부 —— 이것 보세요, 증인. 증인은 주택 소유권도 취득하지만 보증금도 취득합니다. 채무도 부담하는 상황에서 이득을 보는지 전혀 생각도 없이 명의만 이어받았다고요? 몇백 채를 받으면서 한 번도 생각 안 해봤습니까?

김씨 —— 제 잘못된…, 너무 쉽게 생각했습니다.

재판부 —— 그게 쉽게 생각하는 문제입니까? 소유권을 이전받으면 종전에 있던 매도인, 임대인은 채무를 면한다는 사실을 알죠? 오로지 증인이 채무를 부담한다는 것을요.

김씨 —— 변명하려는 것이 아니고요.

재판부 —— 아는지 모르는지만 답하세요.

김씨 —— 네. 매수자가 다 승계합니다.

(중략)

재판부 —— 증인은 사업을 하고 있었다고 했는데, 제가 보기엔 증인 사업도 가압류가 들어온 것을 보면 다른 사람에게 돈을 빌려줄 상황은 아니고 차용할 상황인 것 같은데요?

김씨 —— 네. 돈이 들어가는 상황이었습니다.

재판부 —— 신씨에게 이를 얘기했거나, 그런 상황에 대해서 신씨가 질문한 적이 있나요?

김씨 —— 전혀 없습니다.

재판부 —— 증인의 자력 관련해서 신씨가 물어본 적도, 증인이 말한 적도 없다, 맞습니까?

김씨 —— 네.

기자가 느끼기에 일단 이들은 세입자들에게 돈을 돌려줄 능력이 없어 보였습니다. 서울에 있는 수백 채 빌라의 전세 보증금을 1억 원씩만 잡아도 수백억 원에 달하는 돈이죠. 그런데 김씨는 돌려줄 방법이 있었다고 말합니다. 문제가 생기면 정부의 보증보험으로 해결해주면 된다는 겁니다. 그의 황당한 답변에 재판부의 질타가 시작됩니다.

재판부 —— 증인은 명의만 빌려줬다고 하는데 임차 보증금은 증인이 다 부담한다는 것은 알았습니까?

김씨 —— 원칙적으로 알지만, (신씨가) 보증보험에 다 가입했으니 문제가 없다고 했습니다.

재판부 —— 보증보험은 담보입니다.

김씨 —— 잘 안됐을 경우 보증보험에 가입했으니 문제가 없다는 그런 말씀을 드린 겁니다. 당연히 보증보험 청구가 되면 안되겠죠. 세입자 교체가 되면 문제가 없는데….

재판부 —— 이것 보세요. 증인이 책임질 생각이 없다는 거잖아요. 최종적으로 증인 아니면 신씨의 책임인데, 그것을 보증보험에 넘기는 게 맞습니까?

김씨 —— 넘긴다는 게 아니라….

재판부 —— 지금 넘긴다는 거잖아요.

김씨 —— 최악의 경우는 우선 세입자 보증금을 반환해주고요….

재판부 —— 무슨 돈으로 합니까?

김씨 —— 보증보험에서 최악의 경우에….

재판부 —— 그 전에는요?

김씨 —— 새로운 세입자를 구해서….

재판부 —— 그건 채무 돌리기잖아요. (중략) 증인, 사기 피해자가 보증보험에서 받을 거니깐 사기를 쳐도 된다고 하는 겁니까? 그걸 변명이라고 합니까?

김씨 —— ….

재판부 —— 증인 소유 빌라가 한두 채라고 하면 그 말을 믿겠어요. 몇 채라면 제 입장에서도 믿겠다고요.

김씨 —— 죄송합니다.

재판부 —— 몇백 채를 들고 있는데 그 말을 믿겠습니까? 부동산 한 건 하면서 보증보험 얘기를 하면 알겠는데…. (중략) 증인으로 출석했는데 이야기가 이상해지는데…. 한두 건도 아니고 수백 건을 들고 있는데 그렇게 말하는 건 아니죠.

제 입장에선 몇천만 원 날아가도 힘듭니다. 그런데 그 사람들은 전 재산이에요. 근데 그것을 보증보험이 해결해줄 것으로 알았다고요? 적어도 두 사람이 자력이 없는데도 임대차 한 것이 문제죠.

검찰은 이날 신씨에게 징역 13년을 구형했습니다. 징역 13년이 구형되자 신씨 측은 '죄송하다'면서도 '다만 일부 계약에선 동시진행 방식 등을 세입자에게 고지한 바 있다. 피고인 행위 중 기망 행위가 없는 부분은 (따로) 판단해줄 것을 간곡히 요청한다'고 밝혔습니다.

입을 꾹 닫고 있던 신씨는 이렇게 말합니다.

신씨 —— 처음 수사를 받을 때 '부동산이 오를 줄 알았다', '김씨의 자력이 충분할 줄 알았다', '당시 갭투자는 관행이었다'라고 진술했습니다. 거짓말은 아니었습니다. 정말 죄가 될 줄도 몰랐습니다. 하지만 현실을 일부러 외면했던 것 같습니다. 너무나 많은 피해자가 발생했습니다. 두렵지만 제가 받아야 할 벌이란 것도 알고 있습니다.

그는 최후진술에서도 자신의 행동이 죄인 줄 몰랐다고 말했습니다. 여러분이 보기엔 어떤가요? 설득력이 있나요?

재판 내내 분노를 감추지 못한 1심 재판부는 신씨에게 징역 8년을 선고했습니다. 그리고 이 판결은 2024년 4월 24일 대법원에서 확정됐습니다. 명의만 빌려줬다는 김씨에 대한 1심 재판은 아직도 진행 중입니다.

단순 마약상인가,
수사 조력자인가

필로폰을 운반하다 붙잡힌 50대 남성이 법정에 섰습니다. 그는 과거에도 마약류관리법을 다수 위반한 상습 마약사범입니다. 그런데 이번 법정에선 유독 너무나 억울하다며 무죄를 주장합니다. 경찰의 마약 수사를 돕는 과정에서 붙잡혔다는 겁니다. 그에게 무슨 일이 있었던 걸까요?

경찰과 피고인의 엇갈리는 주장이 펼쳐진 그날의 법정으로 가봅니다. 그는 그저 단순 마약상일까요, 아니면 수사 조력자였을까요?

"문제 삼지 않기로 했잖아요" vs "모르는 일입니다"

2023년 4월 24일 밤 10시, 서울 노원구의 한 도로에서 50대 남성 박 모 씨가 필로폰 1kg을 전달받은 혐의로 붙잡힙니다. 박씨는 과거에도 마약류관리법 위반 혐의로 옥살이를 한 전과자였습니다. 그런 그가 이번에도 마약을 전달받아 옮기는 것이 적발돼 법정에 다시 서게 된 겁니다.

그는 억울하다고 주장합니다. '수원중부경찰서'의 마약 수사를 돕다가 '서울경찰청' 경찰들에게 붙잡혔다는 것이 그의 말입니다. 어디까지나 일방적 주장이지만 자신은 마약 수사 조력자였다는 것인데, 이를 한번 살펴보겠습니다.

앞서 4월 1일, 다른 마약상 A씨가 필로폰 1kg을 구매합니다. 그런데 자신에게 마약을 판 이가 체포됐다는 소식이 곧 들려왔고, A씨는 불안에 떱니다. A씨와 평소 친했던 마약상 B씨가 자수를 권했고, A씨는 이를 받아들입니다. 그러자 B씨는 평소 친분이 있던 수원중부서 경찰을 찾아가 '아는 동생이 사고를 쳤는데 자수하려고 한다'며 A씨의 자수 의사를 전달합니다. 마약 1kg을 반납하겠다는 의사도 함께 전달했죠.

문제는 A씨가 받은 1kg의 필로폰이 수중에 없었다는 겁니다. 이미 유통된 것이죠. 참고로 경찰에게는 마약이 유통되기 전 압수하는 것이 매우 중요한 문제입니다. 실적에 크게 반영되기 때문이죠. 결국 A씨는 경찰에 반납할 필로폰 1kg을 다시 구해야 하는 상황이 됐습니다.

4월 24일, 수원중부서는 A씨가 자수하러 오지 않자 그를 체포합니다. 체포된 A씨는 아직 반납할 마약을 구하지 못한 상태였습니다. 이때 박씨가 등장합니다. A씨가 체포되자 자수를 권했던 B씨는 박씨를 설득해 필로폰 1kg을 대신 수령하게 합니다. 박씨는 그날 밤 10시, 노원구에서 필로폰을 받아 A씨의 주거지에 가져다 놓습니다. 수원중부서 경찰이 압수할 수 있도록 말이죠. 실제로 경찰은 25일 낮, A씨의 주거지에서 해당 필로폰 1kg을 압수합니다. 그리고 마약을 가져다 놓은 박씨는 서울경찰청 경찰에게 꼬리를 밟혀 체포됐습니다.

결국 자신이 팔거나 투약하려고 한 것이 아니라 경찰을 위해 마약을 옮겼다는 것이 박씨의 주장입니다. 경찰도 이런 사정을 다 알고 있었다는 것이죠. 물론 어디까지나 일방적인 주장입니다. 특히 박씨는 이 과정에서 "경찰이 'CCTV에 누가 찍히든 문제 삼지 않겠다'고 했다"는 말도 전해 들었다고 했습니다. 억울하다는 박씨는 수원중부서 경찰들을 재판 증인으로 불러냅니다.

2023.10.26 서울중앙지법 형사합의26부, 마약류관리법 위반 박씨 공판 중

변호인 —— 2023년 4월 24일에 A씨를 체포했죠. 그런데 체포 직후에 필로폰을 압수하지 않고 다음 날인 25일 점심에 A씨 주거지로 가서 필로폰을 압수했죠?

경찰 ―― 네. 임의제출 받았습니다.

변호인 ―― 특별히 체포 당일인 24일이 아닌 체포 다음 날에 A씨 주거지를 방문한 경위는 무엇입니까?

경찰 ―― 그날 A씨 외에도 공범 1명을 체포했는데, 저항이 좀 있었습니다. 차량을 압수하는 데 시간이 걸렸고, A씨도 '자수하려고 했는데 왜 체포하느냐'라고 그랬습니다. 그래서 주거지로 가서 필로폰의 존재를 확인하지 못했습니다.

변호인 ―― A씨의 지인 중 누군가가 25일에 필로폰 1kg을 주거지에 가져다 놓은 것을 알았죠?

경찰 ―― 몰랐습니다.

박씨의 주장은 A씨 주거지에 애초 반납할 필로폰 1kg은 없었고, 그래서 경찰도 체포 당일 압수하지 못했다는 겁니다. 그래서 자신이 대신 가져다 둔 것이고, 이를 경찰도 다 알고 있지 않았느냐고 따져 물은 겁니다. 경찰은 "모르는 일"이라고 반박합니다.

변호인 ―― 필로폰을 압수하러 가는 길에 차 안에서 증인의 휴대전화로 A씨와 B씨가 통화했죠? 스피커폰으로.

경찰 ―― 마약팀장과 제가 필로폰을 수거하러 갔는데 제 기억으로는 마약팀장 휴대전화를 사용한 것으로 기억합니다.

변호인 ── 마약팀장 휴대전화를 썼고, 차 안에서의 전화 통화 내용은 기억하나요? A씨가 말한 내용이 기억납니까?

경찰 ── 제 기억으론 '그 자리에 둬라, 거기 둬라' 그런 식이었습니다.

변호인 ── 혹시 이런 대화는 없었습니까? "이거 반장님 폰입니다. 녹음되고 있습니다. 저한테 CCTV에 누가 등장하든지, 집주인이 누구든지 책임소재를 묻지 않기로 약속했습니다. 지금 제가 의정부 저희 집으로 가고 있습니다." 이런 얘기 안 했습니까?

경찰 ── 제 폰을 썼다고 합니까? 방금 변호사님 말씀은 제가 문제 삼지 않기로 했다는 것인가요?

변호인 ── 네.

경찰 ── 수사기관에서 그렇게 얘기하기는 좀 그렇지 않습니까?

재판부 ── 정리하겠습니다. "CCTV에 누가 나오든, 집주인이 누구든 책임소재 안 묻겠습니다"라고 말한 적 없습니까?

경찰 ── 네. A씨의 진술이지, 저는 기억이 없습니다.

경찰은 필로폰을 압수하러 가는 길에 A씨에게 마약팀장의 휴대전화를 빌려줘 B씨와 통화할 수 있게 해준 사실은 있지만 A씨가 스피커폰으로 통화했는지, 당시 어떤 말을 했는지는 기억에 없다고 말합니다. 수사에 협조하면 봐주겠다는 식의 대화도 없었다고 말했습니다.

박씨 측 변호인이 다시 묻습니다. A씨가 4월 1일에 구입한 필로폰 1kg이 20일도 더 지난 4월 25일까지 주거지 그 자리에 그대로 있었다는 것이 수사 경험상 상식에 맞느냐고요. 참고로 마약상들은 통상적으로 마약을 확보하면 최대한 빠르게 유통합니다. 마약을 오래 들고 있을수록 적발 위험이 높기 때문이죠. 그렇기에 A씨가 20일 넘게 마약을 들고 있었을 가능성이 작다는 것이 경험에 비춰볼 때 상식 아니냐는 겁니다.

변호인 —— 경찰도 누군가가 A씨의 주거지에 필로폰 1kg을 가져다 둔 것을 확인한 뒤에 임의제출 받은 것 아닙니까?

경찰 —— (당시) A씨는 4월 1일에 매입한 필로폰을 갖고 있고, 제출하겠다고 진술했습니다.

변호인 —— 필로폰을 압수하러 A씨의 집에 도착했을 때 박씨와 B씨도 그 현장에 있었죠?

경찰 —— B씨 얼굴은 기억나고, 박씨는 노랑머리였나요? 아, 기억납니다.

변호인 —— 정황상 'A씨가 필로폰을 가지고 있지 않았겠구나' 이런 생각은 전혀 못 했나요?

경찰 ── 일반적으로 과거 마약 수사 경험에 비춰보면 4월 1일에 매수한 필로폰을 그렇게 오랫동안 갖고 있다는 것은 납득하기 어렵습니다. 하지만 A씨가 그렇게 진술했고, 그것을 유통했다는 증거가 없으니 그대로 주거지에 놔두고 있다고 볼 수밖에 없었죠.

엇갈리는 진술, 과연 누가 진실을 말하는 걸까

이번엔 재판부가 경찰에게 묻습니다.

재판부 ── 피고인 박씨와 B씨가 현장에 있었다고 했죠? 그 두 사람이 왜 그 장소에 와 있다고 생각했습니까?

경찰 ── 저흰 필로폰만 압수하면 되니까….

재판부 ── 가는 길에 A씨와 B씨가 통화했잖아요. 또 증인이 '그것을 거기 둬라'라고 하는 통화 내용을 들었고, 박씨와 B씨가 압수 현장 근처에 있었고요. 그것을 거기 두는 행위와 이들이 관련이 있다고 생각은 안 했습니까?

경찰 ── 거기 필로폰이 있을까, 아니면 누가 보관하다가 가져다 뒀을까 고민했던 기억은 있습니다. 거기 두라는 것이 다른 곳에서 가져와서 두라는 것인지, 만지지 말고 그대로 거기 두라는 것인지.

재판부 —— CCTV에 보이는 사람이 누구든지 책임을 묻지 않겠다, 이런 식의 말씀은 안 한 것이 맞습니까?

경찰 —— 수사를 담당하는 형사가 그렇게 얘기할 수는 없습니다.

마약을 압수하러 가는 과정에서 피의자가 전화 통화를 하게 해준 것이 일반적인 행동이냐는 질문에 경찰은 "마약을 압수해 유통을 막아야 하는 마약 수사 특성상 피의자들의 진술에 의존하게 되고, A씨를 달래주는 차원에서 통화를 하게 해준 것일 뿐"이라고 답했습니다.

11월 9일 재판에는 B씨가 증인으로 나왔습니다. B씨는 A씨에게 자수를 권하고, 박씨에게 마약을 받아서 옮겨다 놓으라고 한 인물이죠.

2023.11.9 서울중앙지법 형사합의26부, 마약류관리법 위반 박씨 공판 중

변호인 —— 2023년 4월에 A씨의 필로폰 매수 사실과 관련해서 수원중부서를 찾아서 경찰을 만났나요?

B씨 —— 네. 4월 20일입니다. 제가 "4월 26일에 A씨를 데리고 물건을 갖고 가서 자수하겠다"고 경찰에게 정확히 밝혔습니다.

변호인 —— 그때 필로폰 1kg 반납을 도울 것이고 '문제 삼지 않겠다'는 경찰 답변을 들은 게 있습니까?

B씨 —— 정확하게 그런 답변을 들은 것은 아니고 느낌이라고 하면 될까요? 정확히 봐주겠다는 취지는 아니었습니다.

변호인 —— B씨는 4월 24일 저녁에 박씨를 만났죠? 그때 박씨가 물건(필로폰)을 대신 받는 것이 맞는 행위인지 고민했죠?

B씨 —— 네. 지금 같은 처지에 놓이지 않을까 걱정해서 논의했습니다. 저는 당연히 박씨가 물건을 반납하는 것이고, 반납 장소도 경찰서여서 이런 처지가 되지 않을 것이라고 판단했습니다.

B씨는 박씨가 이런 처지가 될 줄 몰랐다고 말합니다. 마약을 경찰에 반납하는 일이었기에 이렇게 될 줄 몰랐다는 것이죠. B씨는 압수 당일이었던 25일, 경찰 휴대전화로 A씨와 통화한 사실에 대해서도 말합니다.

변호인 —— 4월 25일 11시쯤 A씨가 경찰 전화기를 이용해서 증인과 통화했죠? 박씨가 걱정할 것을 알고 A씨는 수사기관 전화로 전화해서 "이게 녹음되고 있고, CCTV에 누가 찍히든 집주인이 누구든 책임소재 묻지 않기로 했다"라고 했죠?

B씨 —— 네. A씨가 "스피커폰으로 통화하고 있습니다"라고 얘기한 것도 기억납니다. 제 기억이 왜곡됐을 수 있지만 "스피커폰입니다. 형님, 그 물건이 거기 없으면 큰일 납니다. 다른 데로

옮겨갔으면 다시 그 자리에 있어야 합니다"라고 얘기한 것이
기억납니다.

하지만 이내 B씨의 진술에서 석연찮은 부분이 나타납니다. 경
찰에게 직접적으로, 확실하게 들은 내용은 없다는 겁니다.

검사 —— 책임을 묻지 않겠다고 경찰에게 직접 들은 것이 있습
니까?

B씨 —— 직접은 안 들었습니다.

검사 —— 4월 25일에 압수 현장에서 경찰관을 만난 사실이 있잖
아요? 그때 경찰이 뭐라고 했어요? 당신한테?

B씨 —— 제 기억에는 "어? B씨, 여기 왜 있어?" 이렇게 얘기한
것 같습니다.

검사 —— 그렇죠? 물건 갖다 놓았다고 얘기한 적은 한 번도 없
죠?

B씨 —— 네. 밝히고 싶지 않은 내용이니까요.

재판부도 날카롭게 묻습니다.

재판부 —— 박씨한테 A씨 집에 필로폰을 가져다 둬도 문제가 없
을 것이라고 얘기했다는 거잖아요. 박씨가 망설이니까 그렇게

말한 거죠?

B씨 ── 네. 다른 사람한테 전달되면 문제가 되지만, 경찰관에게 주면 문제가 안 되니깐 그렇게 하라고 했습니다.

재판부 ── 증인 판단입니까? A씨 변호인 판단입니까?

B씨 ── 제 생각이라고 할게요.

재판부 ── 그걸 왜 증인이 판단합니까?

재판을 보고 있던 피고인 박씨도 답답했는지 자신이 직접 B씨에게 물어봅니다.

박씨 ── B씨, 잘 생각 좀 해줘요. A씨가 잡힌 날 같아요. 제가 물건을 두고서 고민하니까 저한테 "형사들도 도와달라고 얘기했다"라고 틀림없이 얘기했는데 기억이 안 납니까?

B씨 ── 잘 기억이 나지 않습니다. (중략) 재판장님, 저도 당시였다면 박씨와 똑같이 했을 겁니다. 동생을 위해서 또 수사기관에 반납한다는 것을 알아서 한 행위이지 팔아서 이득을 취하거나, 다른 사람에게 전달하려고 한 목적이 아닙니다.

재판부 ── 그건 저희가 판단합니다.

앞서 말했듯이, 마약 수사 경찰은 마약을 압수하는 데 목숨을 겁니다. 유통을 막는 것도 막는 것이지만 승진에 큰 영향을 끼친다는 현실적 이유가 크죠. 이런 상황에서 엇갈리는 박씨와 경찰의 진술, 누가 진실을 말하는 걸까요?

재판은 계속 이어져 11월 23일, 휴대전화를 빌려준 마약팀장이 증인으로 나왔습니다. 그 역시 모르는 일이라며 이들의 주장을 반박했습니다.

2023.11.23 서울중앙지법 형사합의26부, 마약류관리법 위반 박씨 공판 중

변호인 ── 당시 증인 휴대전화로 전화했죠? 당시 녹음했습니까?

마약팀장 ── 안 했습니다.

변호인 ── 당시에 A씨가 '이거 녹음되고 있습니다. 저한테 CCTV에 누가 등장하든지 책임소재를 묻지 않기로 약속했습니다'라고 말한 것 기억납니까?

마약팀장 ── 그건 모릅니다. 기억나지 않습니다.

"수사 협조가 아니라 기망이었다"

박씨는 최후진술에서도 '억울해 미칠 것 같다'고 토로합니다. 실제로 박씨는 B씨와 만난 뒤 A씨를 위해 필로폰을 받아 왔고, 그

즉시 주거지에 옮겨다 놓았고, 이후 경찰이 압수해 갔죠. 그가 얻은 금전적 이익도 없습니다. 그는 마약 압수에 목숨을 거는 경찰들이 무리하게 마약 반납을 요구했고, 자신은 그것을 돕다가 붙잡힌 것이라며 무죄를 주장합니다.

2023.11.23 서울중앙지법 형사합의26부, 마약류관리법 위반 박씨 공판 중

박씨 ─ 재판장님, 수사기관에 협조하는 일이라고 해서 한 것이고, 지금도 수사기관에 협조한 것으로 알고 있습니다. 당시에 B씨의 말을 그대로 듣고 따랐을 뿐입니다.

마약 수사관들은 마약을 압수하는 양에 따라 승진 여부가 결정되기에 마약을 무리하게 요구합니다. 이번 사건에서 경찰관 승진 목적으로 일이 진행된 것으로 알고 있습니다. 제가 이 사건에서 조금이라도 영리를 취하고자 이상한 마음을 먹고 했다면 어떤 벌을 내려도 달게 받겠습니다. 너무 억울해서 미칠 것 같습니다.

변호인 ─ 존경하는 재판장님, 공소사실에 기재된 필로폰 1kg을 교부받은 행위를 부인하지는 않습니다. 다만 친분이 두터운 친구가 체포됐고, 필로폰 1kg을 반납하는 수사 과정에 도움을 주려고 이를 교부받았고 경찰들이 압수할 수 있도록 B씨가 요구한 곳에 둔 것입니다. 판매하거나 사용한 사실이 전혀 없습니다. 수사기관 협조 목적으로 교부받아 그대로 A씨 집에 둔 것입니다.

또 필로폰 처분권을 얻었다고 보기 어렵고, 필로폰에 대한 지배관계를 가진 것도 아닙니다. 수사기관이 압수할 수 있도록 놓아둔 행위가 형법상 비난받을 사실도 아니어서 위법성 조각사유*, 책임 조각사유입니다. 공소사실과 증거관계를 살펴서 무죄 선고를 간곡히 요청드립니다. 설령 유죄를 선고해도 범행에 이르게 된 경위와 사회에 마약이 유통되지 않은 점을 고려해주시길 바랍니다.

검찰은 박씨에게 징역 7년을 구형했습니다. 그리고 12월 21일 선고일이 다가왔습니다.

이날 재판부는 여러 사정을 고려했다며 박씨에게 징역 4년을 선고했습니다. 재판부는 "B씨가 지시해서 한 행위였고, 경찰이 처벌하지 않겠다고 했다"는 박씨의 주장을 모두 인정하지 않았습니다. 재판부는 여러 증언을 봤을 때 "처벌하지 않겠다"는 약속이 존재하지 않았다고 봤습니다. 재판부는 A씨와 박씨가 이미 사전에 마약 반납 계획 등을 짜놓았다고 판단했습니다. 자수 의사를 밝힌 A씨가 경찰에 반납할 새로운 마약이 필요했고, 마약

• '위법성'이 인정되지 않아서 죄가 되지 않는다는 뜻이다.

을 구하던 중 혹시나 먼저 체포될 것에 대비해 박씨에게 부탁을
해놓았다는 겁니다.

2023.12.21 서울중앙지법 형사합의26부, 마약류관리법 위반 박씨 선고 중

재판부 ─── 피고인(박씨)이 필로폰을 받은 것은 수원중부서 경찰
관이 압수할 수 있도록 A씨의 주거지에 가져다주려는 동기가
맞다고 인정합니다. 다만 4월 24일 B씨의 지시에 따라 갖다 놓
았다는 주장은 인정하기 어렵습니다. 일단 피고인과 B씨의 친
분을 보면 B씨가 '받으라, 말라'고 지시하는 위치로 안 보인다
고 판단했습니다.

그리고 피고인과 B씨는 A씨가 체포된 같은 날 저녁에 만나서
논의했고, 다음 날 A씨 주거지에 필로폰을 둘 때도 B씨는 내키
지 않았지만 자신이 (필로폰을) 들고 올라갔다고 진술했습니다.
이러한 점을 보면 피고인과 B씨는 수평적 관계에서 논의해서
A씨가 임의제출 할 수 있도록 도움을 준 것이지 B씨가 박씨에
게 지시했다고 보이지 않습니다.

피고인은 경찰관이 필로폰 압수를 위해서 B씨에게 미리 갖다
둬도 문제 삼지 않겠다고 말했고 그래서 교부받은 것이라고
했는데, 이 주장도 받아들이기 어렵습니다. 경찰관들은 필로폰
수수를 묵인하겠다고 말한 적이 전혀 없다고 진술했고, A씨도

명백하게 그런 말을 들은 적은 없다고 진술했습니다. B씨도 경찰관이 문제 삼지 않겠다고 말한 적은 없다고 했습니다.

재판부는 박씨가 '자신은 지시를 받아 마약을 받은 것이어서 현행법상 마약 수수에 해당하지 않는다'라고 주장한 것도 인정하지 않았습니다.

재판부 —— 필로폰 수수는 유상·무상을 불문하고 점유가 이전돼 수취권자가 처분권을 취득한 경우 또는 법률상으로 처분권을 취득한 것으로 볼 수 없는 경우라고 해도 자신의 것과 같이 사용·처분할 수 있는 지배관계에 이르게 된 경우라는 것이 대법원 판례입니다.

이 사건을 보면 피고인은 A씨가 필로폰 매매 혐의를 받고 있는 것을 알고 있었고, A씨가 체포될 경우 대신 받아서 주거지에 갖다 놓으라는 부탁을 받고 필로폰을 받은 것입니다. 누구의 지시에 따른 것이 아니라 A씨와의 친분, A씨의 이익, 피고인이 필로폰을 받을 경우 발생할 수 있는 위험 등을 고려해서 스스로의 결정으로 필로폰을 받았다고 보여집니다.

스스로의 결정에 따라 필로폰을 받은 다음에 어떻게 사용, 처분할지 자유롭게 결정할 수 있는 상황이었지 피고인이 A씨나 경찰의 통제나 지시를 받는 상황이 아니었습니다. 피고인이 필로폰에 대한 지배관계를 획득한 것이라고 판단됐습니다. 피고인이 유통하지 않고 사용, 처분하지 않았다고 해도 보호법익 침해는 이미 발생한 것이라 피고인의 이 사건 수령 행위는 마약류 수수 행위에 해당합니다.

재판부는 결정적으로 '경찰 수사에 협조한 것이어서 정당 행위였다'는 박씨의 주장도 사실과 다르다고 지적했습니다. 오히려 재판부는 수사기관을 농락한 행위라고 지적합니다. A씨가 마치 4월 1일에 구한 필로폰을 그대로 보관하다가 반납한 것처럼 꾸미기 위해서 A씨의 부탁을 받은 박씨가 새로운 필로폰을 구했고, 이는 결국 수사 협조가 아닌 수사 농락 행위라고 본 겁니다.

재판부 —— 위법성 조각사유, 책임 조각사유 부분을 보겠습니다. 정당 행위는 행위의 동기나 목적의 정당성, 수단이나 방법의 상당성, 보호이익과 침해이익의 법익(法益) 균형성 요건 등을 갖춰야 합니다.

이 사건을 살펴보면 피고인의 필로폰 수수 행위의 주된 동기와 목적은 새로운 필로폰을 교부받아서 A씨가 마치 4월 1일 매수한 필로폰인 것처럼 꾸며내 경찰에 임의제출 할 수 있도록 허위 행위를 도와주기 위한 것입니다. 경찰이 이 사건에서 필로폰을 압수했다고 하더라도 경찰이 원래 목적했던 4월 1일 필로폰이 아닌 다른 필로폰을 압수한 것입니다.

피고인이 경찰로 하여금 마약을 압수할 수 있도록 한 것은 수사기관에 대한 협조로 볼 수 없고 대법원 양형위원회의 권고 양형 기준상 감경 요인이 되는 '수사 협조'에도 해당하지 않습니다. 더구나 피고인이 이 사건의 필로폰을 수수한 것은 A씨의 허위 양형 자료를 만들려고 한 것으로 4월 1일 필로폰 매매와는 별개로 새로운 마약 범죄입니다. 수사기관을 돕기 위한 것이 아니라 오히려 수사기관과 법원을 기망하기 위함에 가깝습니다.

결국 박씨의 모든 공소사실이 유죄로 인정됐습니다. 재판부는 이렇게 선고합니다.

재판부 —— 피고인이 이 사건 범행 이전 동종 범행으로 10회 처벌 전력이 있고 다수의 전과가 있는 점, 누범 기간 중 한 범행이란 점, A씨가 4월 1일에 매수한 필로폰을 수사기관에 임의제출한 것 같은 허위 외관을 꾸미려 한 점을 볼 때 피고인의 법 경시적 태도가 매우 심각합니다.

하지만 필로폰을 수수한 다음 날 실제로 오피스텔에 뒀고 경찰은 압수했습니다. 마약 수수가 아니라거나 위법성 조각사유가 존재한다고 볼 수는 없지만 범행의 경중 및 결과를 판단할 때 피고인에게 유리한 정상으로 참작할 수 있는 사정입니다. 모든 사정을 고려해서 양형 기준에 따른 권고형의 하한보다 낮게 형을 정했습니다.

주문, 피고인을 징역 4년에 처한다. 실형을 선고한다.

'경찰 수사를 돕는 일이었고, 처벌하지 않겠다는 말도 들었다' 는 박씨, '그런 적이 없다'는 경찰, 정확히 기억나지 않는다는 B 씨. 누가 거짓말을 한 것일까요? 어찌 됐든 법원은 박씨의 진술에 허점이 많다고 봤습니다. 또 법리적으로도 처벌 대상이라고 판단했죠. 실제로 마약 범죄에 발을 깊숙이 들인 것도 박씨 본인이었습니다.

징역 4년을 선고받은 박씨는 다시 한번 법의 심판을 받아보겠다며 곧장 항소했습니다.

휴대전화는
알고 있었다

마약청정국으로 여겨지던 한국, 하지만 이제 더는 아닌 것 같습니다. 마약 범죄가 우리 일상에 이미 깊이 침투해 있으며, 범죄의 행태도 갈수록 다양해지고 있습니다.

이번엔 법정에 선 한 국제 마약상의 이야기를 만나봅니다. 미국에서 마약상으로 활동하던 그는 한국과 미국 수사 당국의 추적 끝에 붙잡혔습니다. 눈에 띄는 점은 10만 명분의 필로폰과 함께 살상무기인 총을 밀반입했다는 것입니다. 엄청난 양의 마약과 총을 함께 밀반입한 A씨, 그는 법정에서 무슨 이야기를 했을까요? 처음에는 필로폰은 모르는 일이라며 혐의를 부인했는데, 그의 발목을 잡은 것은 무엇이었을까요?

이삿짐 속 마약과 권총

한국과 미국 마약단속국(DEA)의 추적을 받던 40대 마약상이 서울중앙지법 형사합의34부 법정에 섰습니다. 머리는 덥수룩했고, 녹색 수의를 걸친 몸은 삐쩍 말라 있었죠.

그는 어린 나이에 미국으로 건너갔다고 합니다. 오랫동안 LA에서 마약을 판매해온 것으로 알려진 그는 2022년 7월 귀국을 결심합니다. 그리고 이삿짐을 부산항으로 보냅니다. 그런데 부산항에 도착한 그 이삿짐에는 10만 명이 동시에 투약할 수 있는 약 8억 원어치의 필로폰이 숨겨져 있었습니다.

2023.5.9 서울중앙지법 형사합의34부, 마약·권총 밀매범 A씨 공판 중

검사 —— 피고인은 2022년 7월 26일 미국 캘리포니아 주거지에서 필로폰 3,208g을 비닐팩 9개에 나눠 진공 포장한 뒤 소파 테이블 천 내부에 넣어 이사 화물로 숨겼습니다. 이후 주소를 서울 노원구 주거지로 기재하고 일반 화물로 발송해 2022년 9월 9일 14시경 부산항에 도착하게 하면서, 8억 원 상당의 필로폰 3,208g을 수입했습니다.

이번 사건에서 눈에 띄는 점은 A씨가 마약뿐만 아니라 다수의 총기를 함께 밀반입하려 했다는 점입니다. 그의 이삿짐에서는 45구경 록아일랜드 1911 A1 권총과 모의 총포까지 여러 정의 총기가 발견됐습니다.

검사 —— 피고인은 경찰청장 허가 없이 2022년 7월 26일 45구경 록아일랜드 A1 권총과 실탄 50발을 공구함에 분산해서 부산항에 도착하게 했습니다.

검찰과 미국 마약단속국은 2022년 12월부터 A씨를 추적하고 있었습니다. 마침내 그의 자택에서 필로폰과 총기를 모두 압수하고, 그가 필로폰을 투약한 사실도 밝혀냈죠.

당국은 A씨가 LA에서 마약상으로 활동했다는 점, 그리고 살상무기인 총과 실탄을 들여왔다는 점에서 미국 내 마약 밀매 조직과의 연계 가능성까지 수사했습니다.

"홍콩 영화를 보는데 동경심이 들더라"

국내에서 마약과 살상무기 동시 밀반입이 적발된 것은 이번이 처음이라고 합니다. 생각해보면 영화에서나 볼 법한 이야기죠. 그의 집에서는 권총 외에 6정의 모의 총포도 발견됐습니다. 모의 총포 역시 불법 무기류에 속합니다. 특히 A씨가 가져온 모의 총포는 가스 발사식 총포로 운동에너지가 0.02kgm(1kgm은 1kg을 1m 보낼 수 있는 힘)를 초과하여 불법 물품이었죠.

총을 왜 들고 왔냐는 질문에 A씨 측에서는 이렇게 답합니다.

2023.8.10 서울중앙지법 형사합의34부, 마약·권총 밀매범 A씨 공판 중

변호인 —— 모의 총포는 미국 아마존, 이베이 등에서 누구나 쉽게 살 수 있습니다. 피고인이 평소 홍콩 영화를 보며 동경심을 갖고 있다가 100달러 정도에 하나씩 사서 갖고 있던 것입니다. 마약이 압수되면서 테이블에 진열돼 있던 모의 총포가 압수된 것입니다.

물론 미국에서 허용된다고 해서 한국에서 허용 여부를 뭐라고 변소(변론)하기보다는 피고인의 무지(無知) 이 부분에 대해서 말씀드립니다.

이어 감정 결과를 근거로 제시하며 사용할 의도는 없었다고도 말합니다. 그저 홍콩 영화를 보고 생긴 취미일 뿐이라는 겁니다.

변호인 —— 그리고 감정 내용을 보시면 종전 압수된 진짜 권총까지 해서 사용 여부를 모두 감정했는데요. 모의 총포는 BB탄마저 하나도 사용한 것이 없다고 보는 것이 마땅하다는 감정 결과가 나왔습니다. 총포 소지 경위에 대해서 피고인 의도를 깊게 헤아려주시길 바랍니다. 선처를 부탁합니다.

이날 검찰은 A씨에게 징역 21년을 구형했습니다. 최후진술에 나선 A씨는 눈물을 쏟아내며 크게 반성하고 있다고 말합니다. 그러면서도 필로폰은 자신의 친구가 이삿짐에 몰래 숨겨놓은 것이고 자신은 모르는 일이라며, 필로폰 밀수 혐의는 부인했습니다.

A씨 ── 구치소에서 저의 무지함과 잘못을 깊이 뉘우치고 반성하고 있습니다. 마약 요구에 저를 못 지켜 후회하고 있습니다. 앞으로 마약이나 어떠한 범죄에도 빠지지 않고 올바르고 성실하게 살겠습니다. (울먹) 부모님 앞에서 다짐합니다. 매일매일 반성하고 다짐하며 하루를 보내고 있습니다.

메시지와 정확히 일치하는 증거

A씨 공판은 줄곧 방청하는 이가 거의 없이 진행됐습니다. 하지만 매번 자리를 지킨 이들이 있었죠. A씨의 부모님이었습니다. 백발의 노부부는 재판을 쭉 지켜보며 공판이 끝날 때마다 멀리

서나마 아들의 안부를 묻곤 했습니다. "왜 전화는 안 해?"라는 아버지의 말에 A씨는 "비가 와서 운동을 못 나갔어요. 죄송해요"라고 말하는 등 범행의 중대함에 비추면 참으로 소소한 대화가 오갔죠.

그리고 2023년 8월 31일 선고가 진행됐습니다. A씨의 부모님은 이날도 방청석을 지키고 있었습니다. A씨는 친구가 자신의 이삿짐에 필로폰을 넣은 것이고 밀수는 모르는 일이라고 주장했지만, 재판부는 이를 인정하지 않았습니다. 그의 휴대전화에 그가 지인들과 나눈 메시지가 남아 있었던 겁니다.

2023.8.31 서울중앙지법 형사합의34부, 마약·권총 밀매범 A씨 선고 중

재판부 ── 피고인은 필로폰 수입을 제외한 나머지 범행은 자백하고 있습니다. 필로폰 수입에 대한 판결 이유 요지를 간단하게 설명하겠습니다.

필로폰을 미국에서 이삿짐으로 발송한 시점이 2022년 7월인데 주변 사람들과 주고받은 카카오톡 메시지를 보면 피고인이 지인들과 다양한 종류의 마약을 거래한 것을 확인할 수 있습니다.

그리고 2022년 7월 26일 미국에서 발송한 이사 화물 중 커피 테이블 밑에 숨겨둔 필로폰은 9덩어리로 소분돼 있었습니다.

그런데 한 달 전쯤이죠? 6월 29일에 피고인이 B라는 사람한테 '9개를 살 건데 얼마에 줄 수 있대?'라고 보낸 메시지, 또 7월 1일에 B에게 '7개 받은 거 말고 2개 산 거, 그 양이 30g 넘게 적어'라는 메시지가 있습니다.

또 그 중간인 6월 30일에 C한테 '내가 공구박스 줬잖아, 저울 있으면 갖다 줘'라는 메시지도 있어요. 6월 29일과 7월 1일 사이에 저울을 이용해서 무게를 쟀다는 점을 알 수 있습니다.

이삿짐에 9개로 나뉘어 숨겨져 있던 필로폰, 그리고 A씨가 지인들과 주고받은 메시지가 정확하게 일치한 겁니다. 재판부의 선고가 이어집니다.

재판부 ── 이사 화물이 도착한 다음인 2022년 11월 18일 피고인은 C한테 '네가 한국에 아는 사람 있다고 했었나? 내가 4kg 가지고 나온 거 너 아는 사람 통해서 팔면 키로당 5,000불씩 커미션 가져가면 2만 불 되잖아'라고 보냈는데 이 점을 보면 피고인이 국내에 가져온 것이 명확히 드러납니다.

A씨 ── 재판장님!

재판부 ── 선고하고 있습니다! 피고인은 D씨가 피고인 몰래 이사 화물 속에 필로폰을 숨겼다고 합니다. 피고인이 자거나 샤워하고 있을 때 숨겼을 것이라는 게 피고인의 검찰 진술입

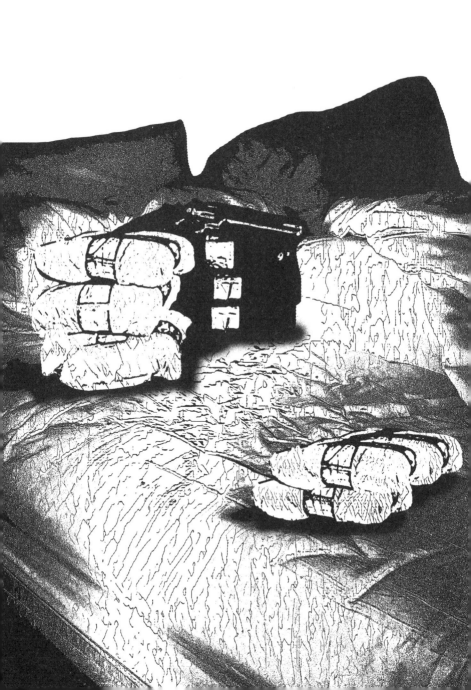

니다.

이 사건 필로폰이 어떻게 감춰져 있었는지 보겠습니다. 건 타커(Gun Tacker)라고 하죠? 총 모양 스테이플러로 필로폰이 든 종이상자 윗면을 나무판에 덧대어 붙이고, 나무판은 커피테이블 아래에 고정할 수 있도록 폭이 정확히 재단돼 있습니다. 매우 교묘하고 정교하게 숨겨져 있었습니다. 이러한 작업이 피고인이 잠을 자거나 샤워 중일 때 들키지 않을 정도의 소음만 내며 하는 것은 불가능하다고 보입니다. 피고인이 잠시 외출했을 때라도 짧은 시간에 피고인이 눈치채지 못할 정도로 흔적을 남기지 않고 이 작업을 하기엔 매우 어려워 보입니다. (중략) 피고인도 이 부분 진술이 설득력이 없었다고 생각했는지 법정에서는 장기간 외출한 틈에 D가 필로폰을 몰래 숨겼을 것이라고 진술을 번복했어요.

마지막으로 피고인이 D에게 보낸 문자 메시지가 있어요. '내일 이삿짐 오는데 신고 때렸으면 지금 말해. 지금 말하면 뭐리 안 할 테니까'라는 이 메시지는 피고인 주장과 배치됩니다. 이 상과 같은 이유로 피고인이 필로폰을 수입했다는 확신을 이 법원으로선 얻을 수 있습니다.

A씨 —— 재판장님, 너무 억울합니다.

재판부 —— 선고하고 있습니다. 그래서 3심제가 있고요. 1심 법원 결론입니다. 자꾸 말 자르지 마세요.

그에게 징역 10년이 선고됩니다.

재판부 ── 피고인이 무허가 총포 수입, 소지와 필로폰 투약을 자백하고 반성하는 태도를 보이고 있고, 밀수한 필로폰이 유통되지 않은 점, 동종 범죄 전력이 없는 점은 피고인에게 유리한 사정입니다.

하지만 마약류 범죄가 개인과 사회에 미치는 해악의 심대성과 밀수한 필로폰이 3.2kg으로 엄청난 양이고 피고인이 국내에 유통시키려고 한 점, 또 위험성이 매우 높은 총기와 실탄을 허가 없이 수입했고 6정의 모의 총포도 소지하고 있었습니다. 필로폰을 투약하기도 했고, 밀수 범행에 대해선 전혀 납득하기 어려운 변명을 하고 있어 진정으로 반성하고 있는지 의문입니다. 일어서세요.

주문, 피고인을 징역 10년에 처한다.

A씨 ── 재판장님.

재판부 ── 피고인이 달리 생각하면 항소하면 됩니다. 선고하는 데 말을 끊는 것은 아니잖아요?

A씨 ── 너무나 죄송합니다.

A씨는 선고일 하루 전까지도 재판부에 반성문을 제출했습니다. 석 달간 진행된 이번 재판 기간에 반성문만 일곱 번을 썼습니다. 하지만 이미 늦었죠. 재판부의 말대로 마약 범죄는 사회에 어마어마한 해악을 끼치기 때문입니다.

사문화됐다고는 하지만 우리나라 형법이 여전히 '아편에 관한 죄'를 유지하고 있는 것은 마약에 대한 두려움을 간접적으로 보여주는 것이 아닐까 싶습니다. 불과 150년 전 강대국이었던 옆 나라는 아편을 막지 못해 망하기까지 했으니까요.

"협박이다"
vs "그냥 전화다"

이번 이야기는 국민적 공분을 일으켰던 2021년 '고 이예람 중사 사망 관련 사건'입니다. 군에서 벌어진 조직적인 성폭력 사건, 피해자의 호소에도 부실했던 군의 대응, 피해자 사망 이후에도 논란을 빚은 군의 수사. 결국 특검(특별검사팀)이 출범해 다수의 관련자를 재판에 넘겼습니다.

이 사건에 연루된 최고위직 군인이었던 전익수 전 공군본부 법무실장(준장 전역)의 재판 현장으로 가보겠습니다. 그는 자신이 연루된 이번 사건을 수사하는 후배 군 검사에게 직접 전화를 걸어 외압을 행사한 혐의로 재판에 넘겨졌습니다. 압박을 느꼈다는 후배 군 검사, 그저 전화를 했을 뿐이라는 전익수 전 실장의 상반된 주장. 법정에서 공개된 당시 통화 내용을 보고 여러분이 직접 판단해보시길 바랍니다.

법정에 울린 그날의 통화

사상 초유의 장군 강등이라는 징계를 받았던 전 전 실장의 혐의는 '면담 강요'입니다. 물론 강등에 반발한 그는 소송을 통해 대령으로 내려갔던 자신의 계급을 준장으로 원상복구 한 뒤, 준장으로 전역했습니다. 우선 그의 혐의부터 보겠습니다.

이예람 사건을 수사하던 군 검사 A대위는 2021년 7월, 직무유기 혐의가 적용된 전 전 실장의 휴대전화를 디지털 포렌식 수사하던 중 이예람 사건 관련 재판 정보와 내용 등이 담긴 휴대전화 메시지를 발견합니다. 발신자는 당시 국방부 고등군사법원 소속 양 모 사무관이었습니다. A대위는 양 전 사무관에 대해 공무상 비밀 누설 혐의로 구속영장을 청구합니다. 그리고 구속영장에는 전 전 실장이 지시했을 가능성이 있어 수사가 필요하다는 내용도 담습니다. 그러자 어떤 방법을 썼는지는 모르겠으나 구속영장 내용을 파악한 전 전 실장이 7월 16일 A대위에게 전화를 겁니다.

이에 특검은 '전 전 실장이 계급이 높다는 이유로 수사와 관련해 필요한 사실을 알고 있는 사람에게 정당한 사유 없이 위력을 행사했다'며 면담 강요 혐의를 적용합니다. 참고로 군 검사 출신인 전 전 실장은 1999년 군번의 준장이었고, A대위는 2018년 군번의 군 검사였습니다.

그렇게 재판에 넘겨진 전 전 실장의 재판이 2023년 3월 13일, 서울중앙지법 형사합의26부 심리로 열렸습니다. 이날, 압박 전화를 받은 A대위가 증인으로 출석했습니다. 해외 파병 근무 중인 그는 재판 증언을 위해 주말 사이 귀국했다고 합니다. 전 전 실장과의 당시 통화 내용과 분위기, 본인이 경험했던 내용을 증언하기 위해 증인석에 선 그는 영락없는 군인이었습니다. 증언 내내 이른바 '다나까' 말투를 사용했죠.

2023.3.13 서울중앙지법 형사합의26부, 전익수 면담 강요 혐의 공판 중

특검 —— 양 전 사무관은 2021년 6월 2일, 전익수에게 장 모 중사(이예람 성폭력 가해자)에 대한 구속영장실질심사가 당일 저녁 개최될 것이란 내용부터 판사 이름, 계급, 구속 필요성을 설명하러 간 군 검사, 변호인이 누군지, 어느 로펌 소속인지, 장 중사가 어떤 내용을 주장했는지, 영장 발부 시간이 언제인지, 시시각각 누설했죠?

A대위 —— 네.

특검 —— 전익수는 양 전 사무관이 보낸 정보에 "ㅇㅋ 땡큐. 발부되면 알려줘. 기각돼도 알려줘"라고 답장하면서, 거부감 없이 고마워하며 추가 정보를 요구하는 것으로 보이는데요. 증인도 이 답장을 수사 때 이와 같이 해석했나요?

A대위 —— 'ㅇㅋ'를 봤을 때는 이런 일이 한 번 있었던 게 아닐 수도 있다고 추측했습니다.

특검 —— 당시 증인은 양 전 사무관이 전익수에게 정보를 실시간으로 전달한 행위가 그 자체로 양 전 사무관과 전익수의 공무상 비밀 누설 혐의로 직결되고, 동시에 공군 측이 얻은 정보로 자신들을 상대로 진행되는 이예람 사건 부실 수사, 로펌 유착 의혹 등 진상 파악을 무마하거나 은폐하는 시도로 이어질 수도 있어서 민감하다고 판단했나요?

A대위 —— 네. 그럴 가능성이 있다고 판단했습니다.

A대위는 이예람 사망 사기에 대하 부실 수사 의혹으로 국방부 조사를 받고 있던 공군본부 법무실, 특히 정점인 전익수 당시 공군본부 법무실장이 재판 관련 정보를 시시각각 입수한 것을 부적절한 행위로 봤고, 이 정보를 넘긴 국방부 고등군사법원 양 전 사무관에 대해 구속영장을 청구한 것이라고 설명했습니다.

이어, 그 직후 자신에게 걸려온 전 전 실장의 전화에 대해 증언했습니다. 2021년 7월 16일 당시 두 사람의 통화 음성이 법정에서 재생됐습니다.

A대위 —— 네. ○○○ 법무관입니다.

전익수 —— 아~ 우리 ○○○ 법무관, 공군본부 법무실장이에요.

A대위 —— 네네.

전익수 —— 내가 그때 수사 지난번 포렌식 갔을 때 수사심의위원회.

A대위 —— 네네.

전익수 —— 요청서를 그때 신청서 접수했는데 △△△ 수사관에게 맡겼는데 그거 잘 받았나 모르겠네.

A대위 —— 네. 받아서 편철됐고 7월 14일 수사심의위 신청한 것으로 인지하고 있습니다.

전익수 —— 네네. 그것도 잘 확인해야 할 것 같아서 내가 그거 검사한테 말을 안 하고 수사관한테만 말해서.

그리고 한 가지 이번 양 사무관 거기 내가 들리는 얘기를 하면 구속영장 청구 거기에 보면 마치 내가 이걸 공무상 비밀 누설을 지시한 것처럼 돼 있다고 그러던데 사실이에요. 그게?

A대위 —— 어…. 지금 구속영장 청구와 관련한 내용을 물어보시는 겁니까?

전익수 —— 네네. 혹시라도 내가, 나는 이게 전혀 내가 관련해 지시한 사실이 없는데 거기 지시한 것으로 돼 있는 부분이 있나요?

A대위 —— 실장님 죄송합니다. 저희가 이 부분을 답변드리기 어려울 것 같습니다. 구속영장 청구 내용이라서 답변드리기 어려울 것 같습니다.

전익수 —— 그래요? 아니 그렇다면, 이건 진짜 너무 그렇게 그런 식으로 적시돼 있다면 사실이 아닌 내용 아니에요, 이게? 내가 이걸 어느 뭘 근거로 이걸 내가 지시했다고 근거 삼았는지?

(4초간 정적)

A대위 —— 어…. 네. 이 부분.

전익수 —— 어떤 부분을 근거로 삼아서 했는지 이해가 안 돼서 그래요, 이걸.

A대위 —— 저희가, 이 부분은 제가 답변드리기 어려운 부분인 것 같습니다.

전익수 —— 아이고 그걸 그렇게 함부로, 어떻게 그렇게 기재하나 싶어 가지고, 담당 검사니깐 뭐 근거가 있으니까 거기다 기재했을 거 아니에요?

A대위 —— 제가 같은 답변을 계속 드리는 것 같은데 이거 내선으로 말씀드릴 수 없는 내용인 것 같습니다.

전익수 —— 아니, 기재를 했으면 그 이유를 설명을 해줘야 하는 것 아닌가요? 나한테.

(다시 정적)

전익수 —— 음, 그래요. 네. 알았어요.

(통화 종료)

- 2021.7.16 당시 전익수 준장과 A대위 통화 내용

두 사람의 통화가 재생되자 방청석에선 "아이고, 저러면 안 되지"라는 탄성이 터져 나왔습니다. 4년 차 군 검사인 A대위는 이날 법정에서 법무실장이자 선배이자 '원스타' 군 검사인 전 전실장의 전화를 받고 압박을 느꼈다고 말했습니다.

특검 —— 증인은 (통화에서) 머뭇거린 이유에 대해서 '이분 참 대단하다. 아무리 그래도 담당 검사에게 전화해서 따질 일이 아닌데. 근거를 대라고 하니까, 이 사람이 왜 근거를 대라고 하는 것이지? 얘기 안 해야지'라고 조사에서 진술했죠?

A대위 —— 네. 이게 지시를 했는지 안 했는지를 수사를 통해 확인해야 할 내용이고 제가 단정적으로 할 수 없는 것인데 '지금 그런 진행 상황을 얘기해선 안 되겠다', '정신 바짝 차려야겠다'라고 생각했습니다.

특검 —— 전익수 피고인은 오히려 이유를 설명하라고 재차 요구하면서 하급자를 다그치는 행위를 보이는데요. 증인은 '내가 왜 저분한테 설명을 해야 하지?'라는 생각을 했다고 진술했죠?

A대위 —— 네. 이성적으론 말해줄 수 없는 부분이고 수사가 기소 전 비공개로 진행되는 것은 당연히 조금이라도 수사를 해본 법조인이면 다 알 텐데, 이런 부분을 왜 묻는지 그런 부분이 궁금했고, 제가 집중해야 하는 부분이라고 생각했고, 저도 많이 당황했습니다.

특검 —— 공군 검찰 책임의 정점에 있는 분이 이렇게 따지듯이 전화한 것 자체가 너무나 부적절하고 압력 의도도 있지 않을까 생각했다고 조사에서 진술하셨죠?

A대위 —— 그런 압력이 제게 느껴지리라는 것을 (전익수 피고인이) 알고 있지 않았을까, 그건 알았으리라 생각한다고 말했습니다.

"해악이나 불이익이 있을 것으로 못 느꼈죠?"

특검의 증인 신문이 끝나고 곧장 전 전 실장 측의 반대신문이 진행됐습니다. 전 전 실장에게 적용된 면담 강요 혐의에서 중요한 부분은 '상대방의 자유로운 의사 결정과 활동에 영향을 미칠 정도의 폭행 또는 협박이 있느냐'입니다. 통화를 통해 행동을 제약했다거나 인사상 불이익·해악 등의 고지가 있었는지가 중요한데, 전 전 실장 측은 이 부분을 집중 공략했습니다.

변호인 —— 전익수에게 전화를 받고 증인이 수사 의지가 꺾여서 '수사를 그만해야겠다', '못 하겠구나'라고 생각한 적이 있나요? 없나요?

A대위 —— 없습니다.

변호인 —— 전익수가 (통화로) 증인을 설득하려 한다는 느낌을 받았다고 말했죠?

A대위 —— 네.

변호인 —— 실제로 부담감을 느꼈나요?

A대위 —— 부담감을 안 느낄 수 없지 않습니까?

변호인 —— 그것은 (이예람 사망 사건에 대한) 언론이나 정치권 관심으로 부담이 있었던 것 아닌가요?

A대위 —— 그것도 있지만 그건 책임감입니다.

변호인 —— 증인은 2021년 7월 16일 전화 통화 다음에 전익수나 양 전 사무관에 대한 혐의에 대해서 (수사를) 느슨하게 하거나 사정을 봐주지 않았죠?

A대위 —— 네.

변호인 —— 전익수가 전화는 했지만 그 전화로 수사하는 데 있어서 하등 영향은 안 받은 것이죠?

A대위 —— 영향을 받지 않으려고 노력했고 수사에 영향을 안 주려고 노력하긴 했지만, 사회적으로 (그 전화가) 어떤 평가를 받을지는 답변 못 하겠습니다.

전 전 실장 측의 질문이 계속 이어집니다.

변호인 —— 증인이 답변을 거부하자 전익수가 "내가 양 사무관에게 지시했다는 부분의 근거가 있는지" 묻는 것 외에 증인에게 해악이나 불이익을 고지한 게 있습니까?

A대위 —— 해악이나 불이익을 고지한 것 없습니다.

변호인 —— 최대한 예의를 지키며 억울하다고 말한 것 같은데, 예의를 지킨 부분은 어떻습니까?

A대위 —— 음, 예의라고 얘기할 만한 사이인지 먼저 좀…. 제 생각은 그렇습니다. 예의라고….

변호인 —— 전익수는 억울해했고 양 전 사무관 구속영장에 기재된 '전익수가 양 전 사무관에게 지시해서 누설했다'는 것이 너무 억울해서 하소연하고, 오해를 풀려고 했다는 것이 전익수의 주장입니다.

A대위 —— 그런 부분에서 억울함, 부당함을 호소하고 싶었다면 법조인이고 절차를 아시니 의견서나 다른 루트로 할 수 있었을 것입니다.

A대위는 압박은 느꼈지만, 전 전 실장이 해악이나 불이익을 주겠다는 말을 한 적은 없다고 말했습니다. 전 전 실장 측의 공세가 계속됩니다. 이번엔 A대위가 평소 전 전 실장에 대해 부정

적 시각이나 감정을 갖고 있었던 것은 아닌지를 캐물었습니다.

변호인 —— 증인은 (특검 조사에서) 전익수가 군에서 실세라는 얘기를 먼저 꺼냈나요?

A대위 —— 아닙니다.

변호인 —— 검사가 꺼냈나요?

A대위 —— 아닙니다. 특검 조사에서 꺼낸 게 아니라 공공연한 소문이 있었습니다. 그런 소문이 있다 정도로 인지하고 있었습니다.

변호인 —— 실세라는 것은 증인 스스로 한 것인가요? 특검이 유도한 것인가요?

A대위 —— 유도보다는 제가 진술한 게 맞을 것 같습니다.

변호인 —— 증인도 군 검사이고 법조인이잖아요. 실세니 뭐니 하는 풍문을 법조인이 먼저 언급하는 것은 예외적이라서 그렇습니다. (중략) 증인은 특검 조사에서 전익수가 공군 법무실장 재직 동안 있었던 '모 기업 아들 공군 법무관 복무 관리 문제' 관련해서 진술했어요. 누가 보더라도 제대로 관리를 안 했구나 라는 취지로 들립니다.

A대위 —— 그게 아니라 풍문이 있었습니다. (중략) 제 진술 취지는 언론에 (복무 관리 부실 문제가) 많이 나고, 저런 문제도 있어서 진급에 좋지 않은 영향을 끼치는 데 다양한 이슈가 있었음에

도 진급을 했다는 풍문이 있었다는 취지입니다.

변호인 —— 그러면 전익수가 뭘 잘못했다고 저렇게 언급한 겁니까?

A대위 —— 통상 그렇게 이슈가 나오면….

변호인 —— 전익수 피고인을 지칭한 게 아니라, 누구를 지칭한 게 아니라 전체적으로 군에서 복무 기강이 해이했던 것을 언론에서 보도한 점을 말한 것이라는 얘기인가요?

A대위 —— 네.

변호인 —— 증인이 특검에서 조사를 받으면서 저렇게 진술하면 변호인 입장에선 증인이 평소에 전익수에 대한 반감 또는 감정이 있어서 저렇게 진술한 것이 아닌지 의혹을 갖게 됩니다.

A대위 —— 전혀 아닙니다.

유무죄 판단의 핵심인 해당 통화에 대해 특검은 외압이었다는 점을 강조했고, 전 전 실장은 법리적으로 무죄인을 주장했습니다. 마지막으로 재판부가 A대위에게 물었습니다.

재판부 —— 인사, 보직의 불이익을 걱정하진 않았습니까?

A대위 —— 그 당시엔 그렇게까지 하진 않았습니다.

재판부 —— 지금은 어떤가요?

A대위 —— (머뭇거리며) 오늘 와서 이렇게 직면하니 걱정이 안 된

다고 말씀드리긴 어려울 것 같습니다.

증인으로 나오기 위해 해외 파병 중 귀국해 법정에 선 A대위는 이날 다소 격앙된 모습과 말투를 보였습니다. 재판 도중 변호인이 '감정적으로 좀 하지 말자', 재판부가 '물을 드시고 천천히 하셔도 된다' 등의 말을 하며 A대위를 달래기도 했죠. 전 전 실장에 대한 분노 때문이었을까요? 아니면 현재 군인이고 이후로도 군인으로 살아갈 수도 있는 그에게 고위직 군 검사를 눈앞에 두고 증언한다는 두려움 때문이었을까요? 이유는 알 수 없습니다.

또한 이 전화 통화는 불이익 등 해악의 고지가 없는, 그저 3분간의 짧은 통화였을까요? 아니면 4년 차 군 검사에겐 '원스타' 고위직 군 검사로부터 압박 전화를 받은 길고 긴 통화였을까요? 여러분은 어떻게 들리십니까?

처벌 필요성은 있지만, 처벌할 수 없다?

재판부는 2023년 6월 29일 전 전 실장에게 무죄를 선고합니다. 이예람 사건 수사의 공정성과 신뢰성을 훼손한 매우 부적절한 행위가 맞다면서도, 특검이 적용한 면담 강요 혐의로는 처벌할 수 없다는 것이 재판부의 결론이었습니다.

재판부는 "특정범죄가중처벌법 제5조의9에 대한 입법 자료를 보더라도 위 규정은 검사 등 수사기관이 아니라 증인이나 참고인을 보호하기 위해 제정된 것이라는 점이 확인된다"라며 "법률에 있는 '자기 또는 타인의 형사 사건의 수사 또는 재판과 관련해 필요한 사실을 알고 있는 사람'에 '자기 또는 타인의 형사 사건의 수사 또는 재판을 하는 사람'까지 포함해 해석하는 것은 형벌 법규를 피고인에게 불리한 방향으로 확장 해석하는 것으로서 죄형법정주의의 원칙에 반하기에 허용될 수 없다고 보는 것이 타당하다"라고 판단했습니다.

2023.6.29 서울중앙지법 형사합의26부, 전익수 면담 강요 혐의 선고 중

재판부 —— 피고인은 개인적 감정을 앞세워 개인 휴대전화로 전화를 걸어 수사 중인 내용을 알아내려 했는데, 이는 수사의 공정성과 신빙성을 현저히 훼손하는 매우 부적절한 행위임을 지적합니다.

아무런 처벌을 하지 않음으로써 (그 행동이) 형사법적으로 정당화되고, 이와 유사한 행위가 군에서 반복돼 국민 신뢰를 회복하기 위해 뼈를 깎는 고통 중인 군 사법기관들의 노력에 이 판결이 찬물을 끼얹게 되는 것은 아닌지 무거운 마음을 금할 수 없습니다.

그러나 처벌 필요성만으로 죄형법정주의를 후퇴시킬 수 없습니다. 처벌 필요성만으로 대원칙을 포기하면 국민에게 피해가 돌아갈 것입니다. 공소사실은 범죄가 되지 않음에 해당해 피고인(전익수)에게 무죄를 선고합니다.

이날 재판에서 눈길을 끌었던 또 다른 장면은 전익수 전 실장과 이예람 중사 아버지의 충돌이었습니다. 재판 시작 전부터 두 사람은 충돌했습니다. 전 전 실장이 법정에 모습을 드러내자 이 중사의 아버지는 "무릎 꿇고 사죄하라, 무릎 꿇고 들어가라, 전익수"라며 전 전 실장을 향해 소리쳤습니다.

그러자 전 전 실장이 "한번 말해보세요"라며 아버지를 향해 몸을 옮깁니다. 예상치 못한 상황이었습니다. 유족의 항의에 전 전 실장은 시선도 피하지 않은 채 대응했고, 법정 앞은 아수라장이 됐습니다. 결국 양측의 몸싸움으로까지 번졌습니다.

무죄가 선고된 그 순간에도 양측은 충돌했습니다. 매우 부적절한 행위지만 해당 법으로 처벌할 수 없다는 이유로 무죄를 받아낸 전 전 실장은 방청석에서 빗발치는 항의에 "저도 마음이 너무 아픕니다"라는 한마디를 남기고 법정을 나섰습니다. 그 순간 이 중사의 어머니는 방청석에 앉아 눈물만 흘리고 있었습니다.

재판부가 법대로 판단하는 그 이상의 일을 할 수 없다는 점은 누구나 잘 알지만, 그럼에도 '부적절한 행위가 분명하고 처벌 필요성은 있지만, 처벌할 수 없다'는 이 말은 몇 번을 곱씹어도 참으로 낯섭니다. 법의 취지가 아무리 이성적이고 합리적이라 해도 국가의 부름을 받고 간 자녀들이 주검으로 돌아올 때, 그 부모들에게 '법이 이러하니 이해하라'고 쉽게 말할 수 있을까요? 완벽한 법은 없듯이, 법전이 현실을 오롯이 담아내지도 못합니다. 우리 사회가 법을 계속 개정해나가는 것도 이 때문일 겁니다.

분명한 사실은 전 전 실장이 법에 따라 1심에서 무죄를 받았다는 점입니다. 다만 그들의 행위가 매우 부적절했다는 점이 인정됐다는 것도 또 하나의 분명한 사실입니다. 전 전 실장은 1심에 이어 2024년 8월 열린 2심에서도 무죄를 받아냈습니다.

청년 검사의 죽음,
7년 만에 나온 가해자의 사과

2016년 5월 19일, 33세의 검사가 자택에서 스스로 목숨을 끊은 채 발견됐습니다. 2015년부터 검사 생활을 시작한, 근무 기간 만 1년을 갓 채운 초임 검사 김홍영(사법연수원 41기)이었습니다. 그를 죽음으로 몰고 간 당사자로 지목된 사람은 당시 그의 직속상관이었던 김대현 전 부장검사(사법연수원 27기)였습니다. 숨진 김홍영 검사의 메모에는 그의 폭행과 폭언, 상식을 벗어난 업무 지시 정황이 고스란히 담겨 있었습니다. 그럼에도 김 전 부장검사를 구속하기까지는 약 7년의 시간이 필요했습니다.

이번 장에선 33세 청년 검사의 죽음과 가해자 처벌까지 걸린 7년의 시간, 그리고 직속상관의 민낯을 보여준 '고 김홍영 검사 사건'의 재판 장면을 전해드리겠습니다.

그를 죽음으로 몰고 간 것은?

서울남부지검 형사2부에서 근무하던 김홍영 검사는 2016년 5월 19일 새벽 자택에서 스스로 목숨을 끊습니다. 이후 그의 휴대전화, 메모 등을 통해 당시 직속상관이었던 김대현 전 부장검사의 폭행, 폭언, 과도한 업무 지시 정황이 속속 드러났습니다.

약 7년 전 CBS 노컷뉴스가 보도했던 당시 상황부터 먼저 전해드리겠습니다.

> **김홍영** —— 맨날 욕먹으니 진짜 한 번씩 자살충동이 든다. 어제도 결혼식 끝나고 식사하는데, 방 구해 오라고 하길래 알아보고 혼주들이 쓰는 방이라 안 된다고 했다가 술 먹는 내내 닦였다.
> **친구** —— 그만둬라. 개인의 문제가 아니라 그걸 놔두는 조직의 문제다.
> **김홍영** —— 그만두고 싶다는 생각이 계속 든다. 같이 개업할래?
>
> - 고 김홍영 검사가 생전 친구들과 나눈 메시지 중

김 검사는 목숨을 끊기 직전까지 계속해서 친구 등 주변인들

에게 고통을 호소했습니다. 메시지에는 김 전 부장검사에 대한 울분과 두려움이 섞여 있었죠.

술자리 끝났는데 부장이 부른다. 여의도에 있는데 (목동에서) 15분 안에 오라고 한다. 택시 타고 가는 길….

와…. 15분 지나니깐 딱 전화 온다. 도착하니 부장은 취해서 강남까지 모셔다드리고 있다. 술 취해서 (나보고) 잘하라고 때린다…. 슬프다 사는 게.

스트레스를 받아서 그런지 오늘은 자고 일어났는데, 귀에서 피가 엄청 많이 났다. 이불에 다 묻었다.

너무 울적해서 유서 한번 작성해봤는데, 엄마, 아빠, ○○랑 여기 있는 친구들밖에 생각이 안 나네.

아 죽고 싶다. 자괴감 든다. 부장한테 매일 혼나고.

- 고 김홍영 검사가 생전 친구들에게 보낸 메시지 중

메시지에는 폭행, 폭언 정황과 함께 상식을 넘어선 과도한 업무 지시가 있었음을 암시하는 내용이 수없이 담겼습니다. 특히 김 검사는 목숨을 끊기 직전까지도 사무실에서 일을 하고 있었습니다. 5월 18일 저녁 7시쯤 퇴근한 그는 약 3시간 뒤인 밤 10시, 다시 출근합니다.

사무실에 도착한 김 검사가 작업하던 문서를 마지막으로 닫은 시각은 5월 19일 새벽 1시 34분이었습니다. 이후 퇴근한 그는 19일 새벽 유서를 남긴 채 스스로 목숨을 끊었고, 오전 10시에 발견됐습니다.

> 남들보다 열심히 살아온 것 같은데 왜 이렇게 됐지.
>
> 해결책은 보이지 않고, 하루 종일 앉아서 보고 있어도 사건은 늘어만 간다. 매일매일 보고서…. 보고…. 실적….
>
> 탈출구는 어디에 있을까…. 엄마, 아빠 행복하고 싶어… 살고 싶어.
>
> — 고 김홍영 검사의 유서 중

폭행은 맞는데 형사 처벌 수준은 아니다?

대검찰청은 ⌐해 7월 27일, 감찰 결과를 발표하며 김홍영 검사에 대한 김대현 전 부장검사의 폭행과 폭언이 있었음을 확인했다고 밝혔습니다. 대검찰청이 파악한 김 전 부장검사의 비위 행위는 총 17건이었습니다. 그러면서 대검찰청은 '읍참마속'이란 표현까지 써가며 김 전 부장검사에 대한 '검사직 해임'을 청구하겠다고 했습니다. 하지만 형사 처벌은 하지 않겠다고 덧붙였죠. "폭행이 몇 차례 있었던 것은 맞는데 형사 처벌 수준은 아니었다"가 이유였죠.

김 전 부장검사에 대해 행정 처분만 결정되고 형사 처벌이 내려지지 않자 여론이 들끓었습니다. 덧붙이자면, 이번 사건과 관련해 김 전 부장검사의 사과는 없었습니다.

그렇게 시간은 흘렀고, 2019년 11월 대한변호사협회가 김 전 부장검사를 폭행 등의 혐의로 서울중앙지검에 고발합니다. 하지만 이마저도 지지부진했습니다. 10개월이 지나도 수사에 별다른 진척이 없자 유족은 2020년 9월 '검찰 수사심의위원회' 소집을 신청합니다. 검찰이 아닌 전직 대법관 등 외부 인원으로 구성된 수사심의위에 형사 처벌 대상인지 아닌지 판단을 맡기자는 것이었습니다.

그리고 다음 달인 10월 16일, 수사심의위는 김 전 부장검사를 폭행 혐의로 기소할 것을 권고합니다. 검찰은 열흘 뒤 김 전 부장검사를 폭행 혐의로 재판에 넘깁니다. 사건 발생 4년 4개월 만의 기소였습니다.

"우리 사회가 근절해야 할 직장 내 괴롭힘"

재판에 넘겨진 김 전 부장검사는 자신의 행동은 폭행죄에 이르는, 사람의 신체에 대한 유형력 행사가 아니라고 주장했습니다.

쉽게 말해 단순한 신체 접촉이었다는 말입니다. 하지만 1심 재판부는 이를 인정하지 않고 2021년 7월, 그에게 징역 1년을 선고했습니다.

그는 즉각 항소했고, 사건은 2심 재판으로 넘어갔습니다. 김 전 부장검사는 마찬가지로 폭행죄가 성립할 수 없다고 주장하며, 김 검사가 죽음에 이르게 된 것도 사건 누적 등 업무 스트레스 때문이지 자신의 폭행이 원인은 아니라고 말했습니다. 하지만 2심 재판부는 이를 모두 인정하지 않습니다.

2023.1.18 서울중앙지법 형사8-3부, 김대현 전 부장검사 폭행 혐의 선고 중

재판부 ___ 피고인(김대현)의 행위를 그 자리에서 목격한 검사들은 '형법상 폭행에 해당하지 않는다', '술에 취해서 그런 행동을 한 것으로 보이고, 폭행 의도로는 보이지 않았다', '피해자에게 감정을 실어서 한 것은 아니다', '잘하라고 그렇게 했을 수 있다'라고 진술하기도 했습니다. 다만 원심이 적법하게 조사한 증거에 비춰보면 피해자가 받은 육체적, 정신적 고통을 찾아볼 수 있습니다.

이어 재판부는 법리상으로도 폭행죄가 충분히 성립된다고 단호하게 말합니다. 폭행 현장에 있던 다른 검사들이 '감정을 실어서 때린 것은 아니다', '잘하라고 그렇게 했을 수 있다'라고 진술한 것에 대해서도 재판부는 부적절하다고 질타합니다. 상급자의 폭행, 폭언을 관용적으로 바라보는 검찰 조직의 분위기를 지적했죠.

재판부 —— 폭행죄 성립 여부인 '폭행의 고의'를 인정하기 위해선 신체에 대한 유형력 행사의 인식이 있으면 족합니다. 악의나 해의까지 요구되는 것은 아닙니다.
그리고 검사들의 평가에는 상급자가 술자리에서 가르침이나 친밀함의 표시로 폭언이나 폭행을 하는 것에 대해 관용적으로 바라보는 분위기가 반영돼 있다고 보이는 점을 감안하면, 피고인의 행위는 폭행죄에 해당한다고 충분히 볼 수 있습니다. 피고인의 주장을 받아들이지 않습니다.

김 검사의 죽음이 업무 스트레스 탓일 것이라는 김 전 부장검사의 주장에 대해서도 재판부는 이렇게 말합니다.

재판부 —— 피고인은 (김 검사의) 자살 원인이 객관적인 업무 과중에 더해 피해자가 이를 감당할 수 없어서 정신적으로 자포자기 상태에 이른 것 때문이지 피고인의 폭행으로 인한 것이라고 볼 수 없다고 주장했습니다. 하지만 피해자가 형사2부에

배치되기 전 다른 부서에서 근무할 때도 업무가 과중했지만 일 처리를 잘하는 성실감, 책임감이 있는 검사였다고 평가받은 점을 고려하면 도저히 과중한 업무 스트레스로 인해 자살한 것으로 보기 어렵다는 생각이 듭니다.

오히려 피고인이 피해자에게 피고인이 원하는 방향으로 일 처리를 강요하고, 지속적인 폭행과 괴롭힘을 행사해 피해자에게 극심한 사건 처리 압박과 폭력을 행사했기 때문으로 보입니다. 피해자 유서에 직접 기재된 '장기 미제 사건 등으로 인한 심한 스트레스' 부분도 피고인이 업무와 무관한 술자리에 계속 불러내 업무 시간이 부족해지는 상황을 만들고, 그 상황에서도 폭언과 모욕적 언사, 폭행을 반복해서 모멸감을 주고 검사로서의 명예를 심각하게 훼손한 것이 주요 원인이라는 (중략)

재판부는 숨진 김 검사의 유족에게 사과하지 않은 김 전 부장검사의 태도두 질타합니다. 다만 김 전 부장검사가 이번 일로 검사 자리에서 쫓겨났고, 국가로부터 십수억 원의 구상금 청구 소송을 당한 점을 고려했다며 1심 형량보다 낮은 징역 8개월을 선고합니다. 그와 동시에 1심과 달리 김 전 부장검사의 도주가 우려된다며 그 자리에서 법정 구속합니다.

재판부 ____ 지금 피고인은 피해자 유족에게도 용서를 받지 못했습니다. 그럼에도 피고인은 (다른) 검사들과 검찰공무원의 진술로 인정되는 사실관계조차도 다투고, 피해자를 폭행한 사실이 전혀 없다고 부인하고 있습니다. 또 피해자가 자살한 것도 피고인의 행위가 아닌 다른 이유라고 주장하고 있어서 진심으로 반성하거나 유족에게 사과하는 모습도 없습니다.

피고인의 행위는 우리 사회에서 근절돼야 할 직장 내 괴롭힘에 해당한다고 보고, 초임 검사가 이를 피하지 못하고 자살이란 결과에 이르러서 우리 사회에 충격을 줬습니다. 실형 선고는 불가피합니다.

다만 피고인은 이 사건으로 검사직에서 해임됐고, 지금은 국가가 피고인을 상대로 십수억 원의 구상금을 청구한 상태입니다. (중략) 원심에서 선고한 징역 1년이란 형은 너무 무겁다고 판단해서 피고인의 항소를 받아서 선고합니다.

원심 판결을 파기한다. 피고인을 징역 8월에 처한다.

이 판결에 불복하면 일주일 내에 대법원에 상고하고 상고장을 이 법원에 내세요. 도주 우려가 있다고 판단돼 법정 구속합니다.

김홍영 검사가 세상을 떠난 지 약 7년 만에 폭행 가해자인 김 전 부장검사가 구속됐습니다.

이날 재판에 출석한 김 전 부장검사는 선고 내내 두 손을 앞으로 꼭 모은 채 서 있었습니다. 하지만 법정 구속까지는 예상하지 못한 걸까요? 할 말 있으면 하라는 재판부의 물음에 김 전 부장검사는 꽤 오랫동안 입을 떼지 못했고, 말없이 천장을 몇 차례 올려다보기도 했습니다. 그리고 힘겹게 입을 연 그는 사과의 말을 건넸습니다.

김대현 —— 김홍영 검사 어머니, 아버지께 죄송하다는 말씀드리고 싶고, 어쨌든 구태의연한 제 잘못으로 인해 전도유망한 청년이 이렇게 돼 너무 안타깝고, 그 점은 제가 평생 짊어지고 갈 몫이라고 생각합니다. 저로 인해서 사회적으로 큰 충격을 받은 것도 알고 있고 모든 점에 대해서 죄송하다고 생각합니다. 이상입니다.

말할 기회를 부여받고도 한동안 입을 열지 못하다가 힘겹게 발언을 이어간 그였습니다. 침묵의 순간을 이어간 건 숨진 김 검사에 대한 미안함 때문이었을까요? 아니면 법정 구속이라는 결정에 당황했기 때문일까요?

그렇게 구속된 김 전 부장검사는 이틀 뒤인 1월 20일, 법원에 서류를 하나 제출합니다. 상고장이었습니다. 대법원에서 다시 한번 자신의 혐의를 다뤄보겠다는 것이죠. 하지만 법원의 판단은 바뀌지 않았습니다. 대법원은 2023년 3월, 김 전 부장검사에 대한 징역 8개월 판결을 확정했습니다.

가스라이팅
단죄한 법원

법정에 괴상한(?) 종교인 부부가 섰습니다. 검찰 수사관 출신인 A장로와 그의 부인인 B권사인데, 이 부부는 신도들에게 거짓 기억을 주입해 허위로 고소하게 한 혐의로 재판에 넘겨졌습니다. 허위 고소 대상은 신도들의 가족이었습니다.

대부분의 이단 사이비 종교인이 그렇듯 A씨 부부도 어린 신도들을 세뇌해 거짓 기억을 심었고 이후 가족을 고소하게 했습니다. 그 결과 딸들이 친아버지를, 조카가 외삼촌을 성폭행 혐의로 고소하는 황당한 일이 벌어졌습니다. 물론 고소 내용은 수사 과정에서 모두 허위로 드러났습지만, 가정은 파괴됐습니다.

"너 성폭행당한 적 있어"

2021년 7월 15일, 서울의 한 교회에서 활동하던 장로 부부가 재판에 넘겨집니다. 장로 A씨는 현직 고위급 검찰 수사관(4급 수사서기관)이었습니다. A씨 부부를 도운 C집사도 기소됐습니다. 이들의 혐의는 '무고'였죠.

수사 당국이 파악한 이들의 범행은 충격적이었습니다. A씨 부부와 C씨는 2019년부터 교회 내 어린 신도들을 상대로 성 상담 프로그램을 진행합니다. 외형은 상담이었지만, 실제로는 거짓 기억을 주입하는 범행 과정이었습니다. 이들은 신도들에게 '유년 시절 가족에게 성적 학대를 받은 흔적이 있다', '성폭력 피해의 흔적이 남아 있다'라는 말로 조금씩 거짓 기억을 심었습니다. 신도들에게 허위 답변을 유도, 암시, 강요하며 결국 그들을 정신적 지배 상태에 놓았습니다.

그 결과 수많은 피해자가 생겨났고, 실제로 2019년 8월 말 신도들의 가족을 상대로 한 허위 고소가 시작됐습니다. 고소인이 4명에 이르렀고, 허위 고소사실은 30개에 달했습니다.

2023년 4월 서울중앙지법 형사11단독 심리로 재판이 열립니다. 이날 공판에는 피해 신도의 가족들이 증인으로 나섰습니다.

처음 증인석에 오른 이는 피해 신도 D씨의 외삼촌이었습니다. 그는 D씨를 성폭행했다는 허위 고소를 당한 무고 피해자이기도 합니다. 그는 '딸이 이상한 교회에 다니는 것 같으니 좀 알아봐 달라'는 친누나의 부탁을 받고, 해당 교회를 조사하다가 무고 범죄의 대상이 됐습니다. 해외에서 선교 활동을 하는 그는 이 날 증언을 위해 일부러 귀국했다고 합니다.

2023.4.6 서울중앙지법 형사11단독, A씨 부부 무고 혐의 공판 중

검사 —— 조카한테 증인은 해당 교회에 대해 부정적인 얘기를 한 적이 있나요?

외삼촌 —— 해당 교회를 안 가봐서 저는 몰랐고요. 누나가 부탁해서 가봤습니다.

검사 —— 그게 언제인가요?

외삼촌 —— 2016년 7월 아니면 8월입니다. 제가 한국에 왔을 때입니다. 예배를 한 번 드리고 판단하기는 어렵습니다. A씨와 부인 B씨가 영적인 어머니다, 은사자다 이런 얘기를 했어요.

검사 —— 잘 몰라서 그러는데 은사자, 사역이 무슨 뜻인가요?

외삼촌 —— 은사자라고 하면 교회에선 성령의 은사라고 하는데요. 그 얘기를 듣고 담임 목사에게 제가 계속 가보겠다고 했습니다. 일반적으로 일반 성도가 은사 사역을 교회에서 주도적으로 하지 않습니다.

D씨의 외삼촌은 자신이 당한 무고 피해에 대해서도 증언합니다.

검사 —— 증인은 2019년에 조카를 성폭행했다는 내용으로 고소됐죠?

외삼촌 —— 네.

검사 —— 네 살 무렵에 영화관에서 그런 적 있나요?

외삼촌 —— 없습니다.

검사 —— 여섯 살에는 외갓집 관련 내용인데.

외삼촌 —— 없습니다.

검사 —— 유럽의 한 선교 단체에서 머물렀을 때 내용은요?

외삼촌 —— 있을 수가 없습니다. 제 방에서 단독으로 만난 적도 없고 남자 숙소라서 가능하지도 않습니다.

검사 —— (조카는) 자기 몸에 있는 자극(刺戟)이 피해의 증거라고 했죠?

외삼촌 —— 논리적이지 않습니다.

검사 —— 조카를 (무고로) 고소하지 않은 이유는 무엇인가요?

외삼촌 —— 제 조카가 가장 큰 피해자라고 생각합니다. 제가 어떻게 조카를 고소합니까? 이 아이가 얼마나 정서적으로, 육체적으로, 영적으로 학대를 당했을까…. 그 충격밖에 없습니다.

D씨의 외삼촌은 해당 교회 장로였던 A씨와 그의 부인 권사 B씨, 집사 C씨가 보인 행동에 대해서도 털어놓습니다.

검사 ── 이후 증인은 누나와 해당 교회를 간 적이 있고, 그때 A씨 부부와 C씨가 있었죠?

외삼촌 ── 네.

검사 ── 그들이 조카에게 동성애가 있었고, 회개를 하다 보니 그 뿌리에 삼촌이 있었다고 주장했죠?

외삼촌 ── 네. 그렇게 얘기했습니다.

검사 ── A씨 부부 등이 옆에서 지시했나요?

외삼촌 ── 네. 옆에서 (조카한테) 똑바로 얘기하라고 지시했습니다. 조카가 교회 사람과 동성애가 올라왔다고 했고 동성애가 성폭행의 증거라고 했습니다.

검사 ── 말하는 것이 유사했다는 것이죠?

외삼촌 ── 네. 똑같은 표현을 조카도 썼습니다.

검사 ── A씨도 개입했다고 생각하나요?

외삼촌 ── 당연하죠. A씨 부부와 C씨가 함께 사역했고, A씨가 '언제, 어떻게 일어났는지 검찰 수사관의 관점에서 물어본다'고 말하기도 했습니다. (중략) A씨도 분명히 그 자리에 있었습니다. 제가 말을 못 하도록 저지하기도 했습니다.

이날 공판 내내 B씨는 눈을 지그시 감고 두 손을 모은 채 앉아 있었습니다. 기도라도 하는 것처럼 말이죠. A씨 부부는 재판에 넘겨진 직후 '무고 목적이 없었고, 신도들이 말한 피해 내용이 허위 사실인지도 몰랐다'라는 논리로 방어에 나섰습니다. 이날 공판에서도 A씨 측은 그런 논리를 펼쳤습니다.

변호인 —— 증인은 2016년 8월에 누나의 요청으로 교회에 갔는데, 별다른 이상한 것은 없었다고 검찰 조사에서도 답했죠?

외삼촌 —— 사역을 본 적은 없으니까요. 예배를 한 번 드리고 문제점을 발견할 수는 없다고 생각합니다.

변호인 —— 누나한테도 상황을 얘기했죠?

외삼촌 —— 교회 느낌은 잘 모르겠다고 했습니다. 그런데 사역자, 은사자라고 말한 것은 위험 요소가 있다고 생각했고요. 은사 사역, 기도 사역이 위험으로 발전할 가능성이 있어서 제가 교회 목사한테 한국에 갈 때마다 방문하겠다고 했습니다.

변호인 —— 당시 조카는 증인에게 피해 사실을 말하면서 사과를 요구했죠?

외삼촌 —— 반대 사실을 얘기하시는데요? 조카가 사과 요구한 적 없습니다. 제가 얘기를 하려 하니 A씨가 나중에 얘기하라며 저를 내보냈습니다.

변호인 —— 그 말에 반박하거나 이의 제기를 한 사실이 있나요?

외삼촌 ―― 그런 일 없다고 했고, 사역이 이상하다고 했습니다. 그런데 조카 말에는 반박하지 않았습니다. 조카의 눈을 보니 거짓말하는 것이 아니라 그것을 믿고 얘기하는 것으로 보여서 큰 충격이었습니다. 조카가 그것을 믿고 있다면 제가 반박할 이유가 없습니다. (중략) 완전히 함정에 빠졌다고 생각했습니다.

변호인 ―― 거짓말로 보이지 않았다는 것인가요?

외삼촌 ―― (A씨 부부의 말을) 믿고 있는 것으로 보였습니다.

피해자 부모의 절규

외삼촌의 증인 신문이 끝나고, 이번엔 피해 신도의 부모가 증인으로 나섰습니다. 먼저 증인석에 오른 어머니는 상당히 힘겨워 보였습니다. 어머니는 무남독녀인 딸이 교회를 다닌 후부터 사이가 멀어졌다고 증언합니다. 특히 A씨 부부 등이 '가해자와의 분리' 등을 주장하며 딸의 휴대전화 번호를 바꿔야 하니 연락이 잘 안될 것이라고 통보했다고 말합니다.

검사 ―― 딸이 토요 사역을 하면서 연락이 뜸해졌나요?

어머니 ―― 네.

검사 ―― 자신과 엄마가 영적 간음 중이란 말을 했나요?

어머니 ── 매일 전화하던 딸이 전화를 하지 않으니 뺏겼다고 생각했고, 이건 뭔가 잘못됐다고 생각했고 그래서 동생에게 교회에 가보라고 했습니다.

검사 ── 영적 간음이란 단어가 영적으로 교회에 집중해야 하는데, 다른 곳에 집중한다는 것인가요?

어머니 ── 그렇죠.

검사 ── 평탄하게 지냈는데 갑자기 연락을 안 했어요? 그래서 우울증약도 복용했죠?

어머니 ── 네. 지금도 먹고 있습니다. (중략) 딸이 얼굴을 똑바로 보면서 삼촌한테 성폭행당했다고 소리를 쳤어요. 딸이 거짓말하고 있다는 것을 알면서도 그때는 딸 편을 들었어요. 제가 울면서 위로했어요.

검사 ── 그 얘기를 듣고 집에 가는데 딸이 휴대전화 번호 바꾼 것도 알았나요?

어머니 ── 집에 가는 중에 B씨가 '딸이 휴대전화 번호를 바꿀 수 있고, 당분간 통화도 안 된다'라고 했습니다.

검사 ── 동생이 딸에게 피해를 입혔다고 의심한 적은 있나요?

어머니 ── 전혀 안 했습니다. 제가 제 딸도 잘 알지만, 동생도 내가 키운 애입니다.

감정이 올라온 어머니는 판사를 향해서 이렇게 말합니다.

어머니 —— 판사님, 저 정말 죽을 만큼 힘듭니다. 딸 하나인데 딸을 위해 살았는데 그 딸이 어떻게 변하는지 모르겠습니까? 제가 아무리 바보여도 모르겠습니까? 판사님.

판사 —— 네, 제가 잘 봐볼게요.

아버지는 A씨 부부가 전형적인 이단 사이비의 느낌이었다고 말합니다.

검사 —— 딸이 외삼촌한테 피해를 당했다고 말한다는 것을 아내한테 들었나요?

아버지 —— 네. 그래서 서울에 갔습니다. 황당했죠. 그때 심정은 어떻게 표현할 방법이 없습니다.

검사 —— 네 살 때 옥상에서 피해를 입었다고 얘기했나요?

아버지 —— 처음엔 아무 생각도 못 했는데요. 집에서 서울까지 올라오는 데 4시간 넘게 걸리는데 올라오면서 생각을 해봤습니다. 생일이 느려서 숫자로 네 살이면 실제로는 두 살입니다. 그때 피해를 당했다는 게 좀 이상한 얘기죠. 또 당시 형편이 안 좋아서 슬레이트 지붕이 있는 집에서 살아서 옥상 자체가 없었습니다.

검사 —— 그때 피해 흔적을 발견하거나 그런 것도 없죠?

아버지 —— 바보가 아닌 이상 알지 않겠습니까? 네 살, 옥상 이런 얘기가 나오면서 제가 의심했습니다. 신문이나 TV에서 나오는 이단 사이비가 아이들을 빼돌리는 것과 똑같은 느낌입니다.

검사 —— A씨는 '제가 수사를 많이 했다', '수사관의 관점, 촉감도 있는데 삼촌의 표정을 수사관적 입장에서 봤다' 이런 것을 강조하면서 얘기했죠?

아버지 —— 네.

이제 변호인의 반대신문이 시작됩니다. A씨 부부 등이 무고할 동기가 없었다는 것이 주된 주장이었죠.

변호인 —— 이 사람들이 오(誤)기억을 입력할 이유가 뭐라고 생각하세요?

아버지 —— 세 분이 잘 알지 않겠습니까?

변호인 —— 외삼촌은 이들이 모르는 사람 아니었나요?

아버지 —— 알고 있었죠. 2016년에 교회 가서 파고 다녔잖아요.

변호인 —— 외삼촌은 교회에 대해 별다른 얘기 하지 않았다고 했어요.

아버지 —— 그걸 저한테 물어보실 게 아니죠. 이분들에게 저희 집에서 젤 껄끄러운 사람이 외삼촌이죠.

변호인 —— 누나 얘기를 듣고 2016년 8월에 교회 갔을 때 별다른 문제는 없었고, 교회에 해도 끼치지 않았는데 그런 상황에서 이들이 군이 외삼촌에 대해 조작할 이유가 있나요?

아버지 ___ 저한테 물어보기보다 세 분한테 물어보는 것이 빠르지 않겠습니까?

우리 사회에 퍼져 있는 이단 사이비에서 가장 두드러지게 드러나는 모습이 '가족과의 분리'입니다. 이번 사건에서도 크게 다르지 않았죠.

가족의 삶을 파괴한 무고죄에 대한 엄벌

A씨는 범행 당시 34년 차 고위직 검찰 수사관이었습니다. 그는 2023년 8월 열린 결심 공판에서 최후진술 기회를 얻습니다. 그는 자신을 기소한 검찰에 서운하고, 억울하다는 심정을 토로했습니다.

2023.8.17 서울중앙지법 형사11단독, A씨 부부 무고 혐의 공판 중

재판부 ___ 피고인, 이제 재판 마치는데 할 말이 있으면 해보시죠.

A씨 ___ 억울한 마음이 많아서 할 말은 많지만 간략하게 하겠습니다. 저는 성 상담에 관여한 적 없고, 성 상담 내용은 지금

도 모릅니다. B씨와 C씨는 평범한 주부들입니다. 말도 안 되는 엄청난 내용을 회개하라고 말하고, 오기억을 심을 능력이 없습니다. (중략) 고소를 결심하게 하거나, 강요한 사실 없습니다. 그들은 정상적 사고를 하고 사회생활을 하는 성인이고, 보호자가 있는 상황에서 그들이 결정한 겁니다.

저는 33년간 검찰 공무원으로 일했고 서기관으로 승진했습니다. 무리하게 이런 일을 해서 얻는 이익도 없고 이런 일을 할 이유가 없습니다. 그들을 처벌받게 할 목적이나 이유도 없습니다. 서기관 승진해서 2년 뒤엔 집행관 나갈 사람이…. 이런 진술을 믿고 기소한 검찰에 대한 서운함과 답답함이 있습니다. 어른들의 여러 가지 압력으로 사실과 달리 거짓말하고 있는 상황이 안타까울 뿐입니다.

A씨의 부인 B씨와 집사 C씨도 모두 혐의를 부인했습니다. 변호인 역시 피고인들은 신도들의 말을 믿었을 뿐, 허위였음을 몰랐다고 주장했습니다. 신도들의 가족을 처벌받게 할 목적도 없었다고 덧붙였죠.

이날 검사는 "선고 기일을 넉넉하게 잡아주시면 좋겠습니다"라고 요구했고, 판사도 "저도 빨리 (판결문을) 쓰기 쉽지 않은 내용이어서 넉넉하게 할 겁니다"라고 답했습니다. 재판 내내 회개·사역·은사자 등 어려운 종교적 용어가 등장하기도 했고, 또

전문용어는 아니지만 '가스라이팅'을 인정할 것인지도 중요한 쟁점이었으니까요.

그리고 약 석 달이 지난 11월 16일, 판결 선고가 이뤄집니다. 판사가 쓴 판결문만 수십 장에 달했습니다. 통상적인 무고 사건과 비교했을 때 상당히 긴 판결문입니다.

2023.11.16 서울중앙지법 형사11단독, A씨 부부 무고 혐의 선고 중

재판부 ── 피고인 A씨와 B씨는 교회에서 영적 능력이 있는 존재로 인식됐고, 교회 내에서 상당한 영향력을 행사한 것으로 판단됩니다.

피해자들의 진술 내용은 '피고인 B씨와 C씨가 친족으로부터 성폭행을 당한 사실이 있었는지 등을 묻거나, 현재의 문제점을 친족 성폭행에서 찾았고 이후 유도와 암시, 강요로 친족 성폭행 사실이 구체화됐다'는 것으로 일치합니다. 피해자들은 여러 차례 조사와 신문 과정에서 모두 일관되게 진술했습니다.

성폭행 기억 과정, 형성 과정에 대한 위 진술은 충분히 신빙성이 있습니다. (중략) 성폭행 사실은 피고인들이 교인들에게 오기억을 주입해 만든 허구로 허위 사실로 인정합니다.

재판부는 피고인들이 거짓 기억을 주입했다고 판단했습니다. 구체적으로 "피해자들이 성 상담 이전에는 모두 성폭력 피해를 전혀 인식하지 못하고 있었고, 성폭행 피해 기억이 몇 달에 걸친 성 상담 중 피고인들에 의해 하나하나 완성됐다"라며, "피해자들은 피고인들의 유도와 암시, 그리고 강요에 의해 고소사실과 같은 허위 피해를 만들어낸 것으로 판단된다"라고 봤습니다.

A씨는 재판 내내 피해자의 친부나 외삼촌 등을 처벌받게 할 이유도, 목적도 없었다고 주장했지만 판사의 생각은 달랐습니다. 자신을 이단으로 지목한 피해자 친부와 외삼촌에 대한 보복이었다는 겁니다. 실제로 A씨에 대해선 2015년 4월 이단성 문제 제기가 이뤄졌고, 2016년 1월 지역 교회 장로들은 그를 이단으로 분류했습니다.

재판부 —— 이단성에 대한 문제를 제기하며 A씨의 권위에 도전하자 피고인들은 고소 과정에 깊숙이 개입했습니다. 따라서 범죄 사실은 피고인들의 부인에도 불구하고 증인의 법정 진술로 모두 인정합니다. (중략) 피고인들은 사실 확인을 위한 노력도 하지 않았습니다. 피고인들은 성폭행 사실이 허위인 것을 알았다고 판단됩니다.

판사가 판결문을 한 줄 한 줄 읽어가는 동안, A씨는 천장을 바라보고 있었고 나머지 두 피고인은 기도라도 하듯 두 손을 모으고 눈을 감고 있었죠. 어느 순간, 판사가 호통을 칩니다.

재판부 ── 무고죄는 국가 형벌권의 적절한 심판 기능을 저해하고, 부당한 형사 처벌 위험에 빠트리는 범죄로 엄하게 처벌할 필요성이 있습니다. (중략) 친부와 외삼촌을 극악무도한 자로 만들었고, 피해자들도 이후 고소사실이 허위임을 깨달았으나 서로 생긴 불신과 훼손된 명예는 평생 회복되기 어려워 보입니다.

고소인들과 피무고자들의 평생 삶과 가정의 평안을 송두리째 망가뜨렸습니다. 피해는 아직도 진행 중입니다. 피고인들은 범행을 부인하고 용납하기 어려운 변명을 하며 반성의 여지도 없어 보입니다.

그리고 재판부는 이들에게 검찰이 요구한 것보다 훨씬 무거운 처벌을 내립니다. 앞서 검찰은 A씨와 B씨에게 징역 3년을, C씨에게는 징역 2년을 구형했습니다. 통상 법정에선 검사의 구형보다 가벼운 처벌이 선고되지만, 이번엔 더 무거운 처벌이 내려진 겁니다.

재판부 ── 선고합니다.

주문, 피고인 A와 B를 징역 4년에 처한다. C를 징역 3년에 처한다.

법정 구속합니다. 변명할 내용 있습니까?

A씨 ⎯ ⋯.

재판부 ⎯ 구속 사실은 누구한테 전달하면 됩니까?

A씨 ⎯ 가족들 와 있습니다.

재판 내내 불쾌함이 가득했던, 2년에 걸쳐 진행된 이 재판은 피고인 3명이 법정 구속돼 끌려 나가는 장면으로 마무리됐습니다. 피해 가족의 절규에도 이들은 '회개 과정에서 자신들의 과거를, 잘못을 고백한 것'이라는 이해할 수 없는 주장을 이어갔죠. 그리고 판결에 불복해 항소까지 합니다.

이날 1심 선고 때까지도 일부 피해자는 자신에게 주입된 거짓 기억을 사실로 믿고 있었다고 합니다. 판사의 말대로 허위였음을 알아채더라도 그 상처는 평생 회복될 수 없을지도 모릅니다. 피해 가정이 부디 평안을 되찾길 바랍니다.

횡령의 시대,
횡령 재판이 남긴 것

직원이 회삿돈 700억 원을 빼돌린 우리은행 횡령 사건을 기억하시나요? 심지어 은행 측에선 10년 가까이 몰랐다고 하니, 마치 영화 속 얘기처럼 느껴졌죠. 주범인 형과 그를 도운 친동생에게는 1심 재판에서 각각 징역 13년, 징역 10년이 선고됐고 647억 원 추징이라는 중형이 내려졌습니다. 1심 판결에 이들 형제는 물론 검찰도 즉각 항소했습니다.

그렇게 열린 항소심(2심) 재판에서 검찰은 1심 판결이 잘못됐다며 1심 재판부를 강하게 비판했습니다. 1심 판결을 파기하고 재판을 1심부터 다시 진행해야 한다고까지 주장했죠.

검찰은 왜 이리 화가 났을까요? 우리은행 700억 횡령 재판에서 벌어진 법원과 검찰의 갈등, 그 배경을 전해드리겠습니다.

"1심 재판은 틀렸다. 파기하라"

1심 재판을 맡은 서울중앙지법 형사합의24부는 2023년 9월 우리은행 직원 전 모 씨(44)에게 징역 13년을 선고합니다. 범행을 도운 동생 전 모 씨(42)에게도 징역 10년을 선고했고요.

1심 재판부의 판결에 피고인은 즉각 항소했습니다. 그런데 더 격앙된 모습으로 항소장을 제출한 쪽은 검찰이었습니다. 그리고 2023년 2월 열린 항소심 재판의 첫 공판 기일에서 검찰은 1심 재판부를 강도 높게 비판합니다. 1심 재판부의 판결에 대해서 법령 위반을 시작으로 양형 부당까지 사실상 거론할 수 있는 모든 항소 이유를 언급했습니다.

2023.2.21 서울고법 형사2부, 우리은행 횡령 사건 항소심 1차 공판 중

재판부 —— 1심 판결에 대해서 피고인 및 검찰 모두 항소를 제기했습니다. 검찰 측에서 항소 이유를 구두로 변론하실래요?

검사 —— 네. 검사는 원심 판결 전부에 대해서 법령 위반, 법리 오해, 사실 오인, 양형 부당으로 항소했습니다. 원심 참가인에

대한 추징 선고 부분에서도 법령 위반, 법리 오해 등으로 항소
했습니다.

보통의 재판에선 항소 이유를 간략하게 설명하는데, 이날 검
사는 항소 이유를 설명하는 데만 10분 가까이 썼습니다. 그리고
검찰은 2심 재판부에 1심 재판을 취소해달라는 파기환송까지
요구했습니다. 검찰이 왜 이렇게까지 나섰을까요?

사건의 발단은 1심 재판으로 거슬러 올라갑니다. 우리은행 횡
령 사건은 주범과 공범인 전씨 형제가 범행을 인정하면서 순조
롭게 진행되는 분위기였죠. 1심 재판부는 재판 내내 피고인들의
구속 기한을 언급하며 재판 절차가 빨리 이뤄질 필요가 있다고
밝혔고, 검찰과 변호인의 협조를 구했습니다.

그런데 2022년 9월 7일 열린 4차 공판 기일, 검찰이 돌연 추가
로 기소할 사항이 생겼다고 말합니다. 이날은 선고를 앞두고 열
린 마지막 기일로 재판 절차가 사실상 마무리되는 '변론 종결 기
일'이었습니다. 검찰은 수사를 하다 보니 전씨 형제가 훔쳐 제3자
들에게 빼돌린 회삿돈 약 91억 원을 추가로 발견했다며 재판 연
장을 주장합니다. 추가 범행을 또 찾았으니 공소장을 변경해야
하고, 재판도 다시 이어가야 한다는 것이 검찰 입장이었습니다.

하지만 재판부는 변론 종결 기일을 이미 진행한 상황이니 절
차에 따라 구형을 먼저 하고, 이후 공소장 변경을 신청하면 검토

하겠다고 제안합니다. 검찰이 이를 거부했고, 아주 이례적으로 검찰의 구형 없이 변론이 종결됩니다. 이어 재판부는 9월 30일에 선고하겠다며 선고 기일을 통보합니다. 법원과 검찰, 양측의 기싸움이 시작된 겁니다.

이렇게 변론 절차가 종결되고 선고 기일까지 정해진 상황이었던 9월 22일, 검찰이 공소장 변경을 신청합니다. 대법원 판례상 선고 기일이 잡힌 뒤 제출된 검찰의 공소장 변경 신청은 법원이 허가할 의무가 없습니다. 역시나 9월 30일 1심 재판 선고 기일에 재판부는 검찰의 공소장 변경을 불허합니다. 신청서를 봤더니 추가로 발견된 범죄가 기존 범죄와 비교해 방법, 시기 등이 달라 포괄일죄•로 볼 수 없다는 것이 그 이유였습니다. 공소장 변경은 기존 공소사실의 동일성을 해치지 않는 한에서 신청하는 것이 원칙입니다.

2022.9.30 서울중앙지법 형사합의24부, 우리은행 횡령 사건 1심 선고 중

재판부 —— 변론 종결 직후에 검찰에서 공소장 변경 허가 신청과 변론 재개 신청이 있었습니다. 변론 종결 이후의 공소장 변

• 형법상 개념으로 여러 행위가 포괄적으로 1개의 구성요건에 해당해 1개의 죄가 되는 것을 뜻한다.

경을 허가하는 것은 의무가 아닙니다.

또 (공소장 변경은) 동일성이 있어야 가능하다고 할 것인데, 기존 공소사실과 추가 범행은 피고인의 지위, 범행 방법이 다릅니다. 태양(모습, 형태)이 현저히 다르거나, 공범 관계가 구체적으로 적시 안 됐거나, 범행 방식도 구체적으로 표현이 안 돼 포괄일죄로 판단할 수 없는 경우입니다. 공소장 변경을 불허하기로 했다는 점 설명드립니다.

검찰의 공소장 변경 신청이 요건에 맞지 않았음을 구체적으로 설명한 재판부는 곧장 선고 절차에 들어갑니다. 그러자 검찰이 강하게 반발했고, 양측의 갈등이 최고조에 달하게 됩니다.

재판부 —— 검찰의 공소장 변경 신청을 기각하고 판결 선고하도록 하겠습니다.

검사   재판장님! 구형 안 했습니다. 구형할 기회를 주시기 바랍니다!

재판부 —— 변론 종결까지 다 했는데, 변론 재개를 허가해달라는 취지와 다를 바가 없지 않습니까?

검사 —— 형사소송법에는 검사의 의견을 진술해야 한다고 돼 있지 않습니까?

재판부 —— 그 기회는 이미 부여했습니다.

검사 ── 의견 진술하겠습니다.

재판부 ── 선고합니다. 이유부터 낭독하겠습니다.

검찰은 구형할 기회를 달라고 요구했지만, 재판부는 지난 기일에 이미 구형할 기회를 줬는데 검찰이 거부하지 않았느냐고 지적합니다. 그렇게 검찰 구형 없이 선고가 이뤄졌습니다.

범죄수익 환수를 명분으로 내세운 검찰

검찰은 이런 이유로 항소했고, 항소심 재판에서 1심 재판 취소를 요구한 겁니다.

2023.2.21 서울고법 형사2부, 우리은행 횡령 사건 항소심 1차 공판 중

검사 ── 원심은 선고 기일에 공판정에서 재판 참가를 신청한 8명에 대해서 검사 및 피고인에게 구두 의견 진술 기회를 부여했고, 구두 변론을 들어서 참가를 결정하는 등 실질적으로 변론을 재개했습니다.

그런데 공소장 변경에 대해선 검찰의 아무런 의견도 없이 공소장 변경을 불허하고, 최종 의견을 말할 기회를 주지 않고 선고했습니다. 제3자에 대한 추징 선고를 대거 누락하고, 포괄일죄 범죄 일부에 대해서만 선고하는 등 중대한 위법이 있습니다. 추징 필요성에 대한 심리를 전혀 이행하지 않고 추징을 선고한 것이고 추징금 산정 과정에도 오류가 있습니다. 입증 기회를 전혀 부여하지 않고 변론을 종결하고 선고하는 등 재량권을 남용했습니다.

검찰은 추가 수사로 밝혀낸 약 91억 원의 환수를 위해서라도 1심 재판을 다시 열어야 한다고 주장합니다. 현행 부패재산몰수법은 몰수에 관해선 마약거래방지법의 규정을 따르는데, 몰수 대상 재산을 전달받은 제3자는 1심 재판 전까지만 참가 신청을 할 수 있습니다. 검찰은 이를 근거로 범죄수익을 환수하려면 1심 재판을 다시 열어야 한다고 주장한 겁니다.

검사 —— 1심으로 환송하는 것이 상당하다는 이유를 말하겠습니다. 이 사건에서 횡령 금액이 제3자에게 무상으로 귀속된 점을 확인했습니다. 이에 검찰은 범죄수익 환수를 위해서 1심 재판 전까지 (제3자들에게) 재판 참가 기회를 부여해야 한다며 재판부에 기일 속행을 요구했지만, 재판부의 전격적인 종결로 환수 기회를 상실했습니다.

1심 재판부가 추징을 선고한 2명보다 더 많은 무상의 금액을 제3자들이 챙겨 갔기 때문에 형평성 문제도 있습니다. 참가인 2명은 1심 재판에 실질적으로 참여했지만, 나머지 참가인은 1심 재판에서 참가 기회를 부여받지 못했습니다. 귀책사유도 없이 참가 기회를 박탈당했기 때문에 이들에 대한 추징을 항소심에서 선고하면 심급의 이익 박탈* 문제가 있습니다. 1심 절차를 다시 열어서 진행하는 것이 절차적 관점에서도 바람직합니다.

검찰은 추가로 발견한 전씨 형제의 횡령금을 받은 참가인들 중 대부분이 1심 재판에 참여하지 못했기 때문에 2심 재판을 그대로 진행할 경우 절차상 문제가 생긴다고도 주장했습니다. 1심 재판에 참여해 다툴 권리를 받은 참가인들과 달리 이들은 1심 재판에서 싸워보지도 못한 만큼 심급의 이익 박탈 문제가 발생한다는 것이 검찰의 설명입니다.

그러면서 범죄수익 환수는 국가가 해야 할 일이라며 항소심 재판부를 압박하기도 했습니다.

검사 —— 본 사안은 피고인(전씨 형제)에게 추징을 선고해도 더

---

* 우리 사법 구조는 1심 재판을 받고 그 결과에 불복할 경우 2심과 3심도 받을 수 있는 3심 제가 기본이다. 이러한 제도를 누리지 못하게 된 경우 심급 이익이 박탈됐다고 표현한다.

추징할 돈이 없습니다. 실질적으로 아무런 기여도 할 수 없는 판결이 될 것입니다.

검찰이 최선을 다해 현재까지 확인한 제3자 범죄수익은 91억 원입니다. 이와 같은 범죄수익 환수의 실질적 기여를 외면하면 범죄수익 환수라는 국가적 의지에 대해 국민이 신뢰하지 않는 결과를 초래할 수 있습니다.

사회적으로 큰 충격을 준 우리은행 횡령 사건에서 검찰은 전 씨 형제가 제3자는 물론 조세회피처로 빼돌린 돈까지 추적해 찾아냈습니다. 그야말로 환수 총력전이었습니다. 범행도 범행이지만, 그들이 빼돌린 수백억 원이 환수되지 못하고 그들 수중에 들어간다면 여론이 들끓을 것은 불을 보듯 뻔하니까요.

다만 법조계에선 검찰이 재판부에 무리한 요구를 했다는 지적도 존재합니다. 법원이라고 범죄수익을 환수하고 싶지 않을 이유가 없습니다. 구속 기한 만료가 다가오는 상황에서 재판부도 재판을 서둘러 진행해야 하는 등 적지 않은 압박을 느꼈을 겁니다. 한 개인의 자유를 박탈하는 형사 재판은 신속히 재판받을 권리와 가능한 한 빠른 선고를 미덕으로 삼습니다. 그래서 재판에 속도를 내겠다고 일찌감치 예고하기도 했고요. 그런데 변론 종결 기일에 와서 검찰이 공소장 변경과 재판 재개를 요구하니 재판부가 받아들이기 어려웠을 것이란 지적이 나오는 것이죠. 게

다가 그 요구가 공소장 변경 요건에 맞는지를 두고 법원과 검찰의 입장이 다르기도 했죠.

검찰과 1심 재판부의 갈등, 그렇다면 항소심 재판부는 어떤 판단을 내렸을까요?

항소심 재판부는 검찰의 파기환송 요구를 받아들이지 않았습니다. 또 1심 재판부와 마찬가지로 범행 방법이 달라 포괄일죄로 묶을 수 없기에 공소장 변경도 허가하지 않았습니다.

결국 검찰은 2023년 4월, 추가로 발견한 91억 원의 돈을 환수하기 위해 추가 기소를 결정합니다. 600억 횡령 사건 재판과 별도로 91억 횡령 사건 재판이 다시 열리게 된 겁니다.

이후 두 사건은 항소심에서 병합돼 진행됐고 형 전씨에겐 징역 15년이, 동생에겐 징역 12년의 중형이 내려졌습니다. 검찰이 추가로 발견한 90억 원이 넘는 횡령금에 대해서도 추징이 인정돼 전씨 형제의 추징액은 724억 원이 됐습니다. 이 판결은 2024년 4월 12일 대법원에서 확정됐습니다.

"한 푼도 못 가져간다"

우리은행 횡령 사건이 터지던 무렵, 우리 사회 곳곳에서 믿기 어려울 정도의 횡령 사건이 벌어졌습니다. 은행은 물론 대기업, 중

견기업, 심지어 관공서에까지 말입니다. '대횡령의 시대'라는 조롱 섞인 말이 회자될 정도였죠.

우리은행 사건에서 봤듯 횡령범들은 계좌, 조세회피처, 주변 지인 등 온갖 곳에 돈을 숨겨놓았지만 검찰이 끝끝내 찾아냈습니다. 수사 당국이 우리은행 사건, 아니 대횡령의 시대에 맞서 싸워 남긴 것은 '한 푼도 가져갈 수 없다'라는 경고였습니다. 횡령범에게 남는 것은 돈이 아닌 처벌뿐이라는 위하력(형벌로 위협함으로써 일반인이 범죄에서 멀어지게 하는 힘)을 보여준 겁니다.

우리은행 횡령 사건의 충격이 가시기도 전인 2023년 8월, 이번엔 경남은행 직원이 1,100억 원이 넘는 은행, 아니 고객의 돈에 손을 댄 사건이 터졌습니다. 재직 기간이 30년이 넘는 부장급 은행원이었던 이씨는 재판에서 모든 혐의를 인정한다고 순순히 털어놓았습니다.

어디서 많이 본 모습 아닌가요? 앞서 우리은행 직원도 재판에서 모든 혐의를 인정한다고 순순히 말했었죠. 경남은행 직원 이씨도 마찬가지였습니다. 하지만 이씨가 여기저기 뿌려놓은 돈이 검찰 수사 결과 또 드러났고, 검찰은 이 역시 추가 기소했습니다.

2023.10.26 서울중앙지법 형사합의23부, 경남은행 횡령 사건 공판 중

재판부 ── 추가 기소될 수 있다고 하는데 검찰에서 추가 수사가 진행되는 건이 있습니까?

검사 —— 그렇습니다. 추가 횡령 범행에 대해서는 최대한 빠르게 기소하겠습니다.

재판부 —— 추가 사건 기소, 그에 따라 증거 기록도 변호인이 검토해야 하니깐 추가 기소 진행 상황, 전체적 검토 상황을 봐서 진행하겠습니다. 대략 언제 기소할 예정인가요?

검사 —— 11월 정도…, 12월 전엔 할 것 같습니다.

재판부 —— 그러면 다음 재판 기일 잡을 때 12월 정도에 하겠습니다.

결국 수사 결과 이씨가 빼돌린 돈은 충격적이게도 총 3,500억 원으로 드러났고, 2024년 8월 1심 재판부는 이씨에게 징역 35년을 선고했습니다. 검찰은 이 사건에서도 항소했습니다. 숨겨놓은 마지막 한 푼까지 쫓겠다는 경고일 겁니다. 도덕적 해이라는 말조차도 관대하게 들리는 악질 범죄인 횡령 사건은 지금 이 시간에도 우리 사회 곳곳에서 일어나고 있습니다.

완벽히 기울어진 운동장,
차 급발진 재판

서울 도심 한복판인 시청역에서 차량이 역주행해 9명을 죽음으로 몰고 간 2024년 7월 1일 시청역 사고. 평소와 다를 바 없이 평범했던 월요일 저녁. 퇴근 후 저녁 식사를 마치고 귀가하는 이들, 동료들과 회식을 하던 사람들을 한 차량이 별안간 덮친 이 사건은 많은 이들에게 큰 충격을 줬습니다.

가해 운전자는 사고 직후 차량 급발진을 주장했고, 재판에서 급발진 여부를 다투고 있습니다. 이번에는 대한민국 사회의 난제 중 하나로 남아 있는 급발진 소송에 대해서 살펴보고자 합니다.

'하자'는 자와 '하지 말자'는 자의 싸움

2010년대 말은 자동차 산업의 대변혁기로 꼽힙니다. 하이브리드 자동차를 시작으로 전기자동차, 수소전기자동차 등 새로운 형태의 자동차들이 속속 등장했죠. 기존 내연 기관 자동차 역시 각종 전자 장비가 탑재되며 고도화가 이뤄졌습니다.

이에 따라 '급발진' 소송도 부쩍 늘었죠. 대한민국 법원 곳곳에서 급발진 재판이 진행 중이며, 언론 등에서 종종 보도되기도 합니다. 하지만 급발진을 두고 우리 사회는 여전히 명확한 결론을 내지 못하고 있습니다. '급발진이 실제 존재하는가'를 두고 수십 년째 논쟁이 이어지고 있는데요, 그 배경에는 완벽히 기울어진 운동장이라고 불리는 현행 제조물책임법이 있습니다. 지금부터 제조물책임법을 자세히 살펴보겠습니다.

운전 경력 23년의 50대 여성 A씨는 2020년 10월, 경기도 판교도서관 인근에서 간단한 업무를 본 뒤 자신의 차량 볼보 S60에 탑승합니다. 시동을 건 A씨는 과일을 사기 위해 잠깐 차에서 내립니다. 과일을 산 A씨는 통화를 하며 차량에 다시 올랐습니다. 그리고 불과 몇 초 뒤 차량은 굉음을 내며 판교도서관 일대를 내달립니다.

차량은 어린이 보호구역과 3개의 사거리를 빠른 속도로 지나쳤고, 신호등과 과속방지턱을 무시한 채 쏜살같이 달렸습니다.

A씨는 "이거, 이거, 안돼, 안돼"라며 소리를 내질렀지만, 차량은 감속 없이 최대 120km의 속도로 500m를 달렸고, 인근 국기 게양대에 충돌하고서야 멈춰 섰습니다. 이 사고로 A씨는 목뼈와 얼굴뼈 등이 부러져 전치 20주가 넘는 부상을 입었습니다.

당시 도로 CCTV 등에 촬영된 영상을 보면 차량이 급가속을 하기 직전까지 A씨의 차량 후미등에선 빨간 불, 즉 브레이크 등이 들어오지 않았습니다. 급가속을 하며 빠른 속도로 달리는 순간에도 차량은 보행자와 다른 차를 이리저리 피하며 주행을 이어갔습니다. 중앙선을 넘어갔다가 다시 정상 차선으로 돌아오고, 또 차선을 정확히 맞춰 주행하는 모습도 찍혔습니다.

사고 직후 A씨는 차량 급발진 결함을 주장합니다. 반면 제조사인 볼보는 운전자의 실수라고 맞섰죠. 그렇게 볼보 급발진 손해배상 소송이 시작됐습니다.

이번 재판에서 흥미로운 점은 '폭스바겐 디젤게이트' 소송 때 맞붙었던 변호사들이 다시 만났다는 겁니다. A씨 측은 당시 폭스바겐 차주들을 변호했던, 우리나라 급발진 관련 최고 전문가로 통하는 하종선 변호사를 선임했고, 볼보 측은 폭스바겐 변호를 맡았던 법률사무소 김앤장을 선임했습니다.

급발진 여부는 '차량의 결함이냐' 아니면 '운전자가 개입한 잘못이냐' 두 가지 경우의 수를 두고 다투는 어찌 보면 간단한 싸움이지만, 사실 이를 증명하기란 쉽지 않습니다. 현행 우리나라 제조물책임법은 차량의 결함에 대한 1차 증명책임을 소비자에게 부과하고 있기 때문입니다. 즉, 이 사고가 자기 때문에 일어난 것이 아님을 소비자가 먼저 증명해야 비로소 제조 업체에 증명책임이 생기는 겁니다.

제조물책임법 제3조의2(결함 등의 추정)
피해자가 다음 각호의 사실을 증명한 경우에는 제조물을 공급할 당시 해당 제조물에 결함이 있었고 그 제조물의 결함으로 인해 손해가 발생한 것으로 추정한다. 다만, 제조업자가 제조물의 결함이 아닌 다른 원인으로 인해 그 손해가 발생한 사실을 증명한 경우에는 그러하지 아니하다.
1. 해당 제조물이 정상적으로 사용되는 상태에서 피해자의 손해가 발생했다는 사실
2. 제1호의 손해가 제조업자의 실질적인 지배영역에 속한 원인으로부터 초래됐다는 사실
3. 제1호의 손해가 해당 제조물의 결함 없이는 통상적으로 발생하지 아니한다는 사실

이번 재판에서 A씨 측은 사고 이유를 밝혀보자며 다양한 증거 조사를 신청합니다. 차량 음향 분석을 시작으로 블랙박스·CCTV 영상 분석, 차량 부품(파킹폴)에 대한 감정,

ASDM(Active Safety Domain Master, 운행데이터장치) 감정을 요구합니다. 하지만 볼보 측 변론을 맡은 김앤장은 재판 개시 전 준비 서면에서부터 증거 조사에 부정적 입장을 보입니다. 불필요한 절차라는 겁니다.

'하자'는 주장과 '하지 말자'는 주장 사이에서 재판을 맡고 있는 서울중앙지법 민사합의15부는 어떤 입장이었을까요?

2022.7.6 서울중앙지법 민사합의15부, 볼보 급발진 의혹 손해배상 첫 변론 중

재판부 —— 사안과 내용 등이 쉽게 파악하기 어려운 내용이어서 증거 조사 신청을 되도록 채택할 것이니 '채택하면 안 된다'는 식의 의견은 내지 마세요.
감정이 필요하거나, 검증이 필요하다는 등의 방향으로 의견을 내는 것이 재판을 진행하는 데 도움이 될 것으로 보입니다.

이날 법정에서 재판부는 증거 조사에 강한 의지를 드러냈습니다. 특히 볼보 측을 향해 증거 조사에 긍정적인 모습을 보여달라고 요구했으며, 사고 차량과 똑같은 모델을 법원 주차장으로 끌고 와 직접 살펴보겠다는 말까지 덧붙였습니다.

재판부의 이런 의지는 두 번째 변론이 열린 2022년 8월 24일 재판에서도 이어졌습니다. A씨 측이 블랙박스 영상을 대법원 특수 감정인(음향 분석가)에게 감정을 맡기자고 요구했는데, 볼보 측 김앤장이 이미 국립과학수사연구원 조사 내용이 있다며 난색을 보이자 재판부는 이렇게 말합니다.

2022.8.24 서울중앙지법 민사합의15부, 볼보 급발진 의혹 손해배상 두 번째 변론 중

재판부 —— 첫 번째 영상에 대해서 감정인은 어떤지 확인해보겠습니다. 영상 감정은 법원에도 있을 것 같습니다. 피고(볼보) 측은 의견을 내지 않은 것 같은데요?

볼보 측 —— 국립과학수사연구원 내용을 보면 두 가지가 명백합니다. (중략) 이미 스틸(still) 단위로 국과수가 다 해놓았습니다.

재판부 —— 원고 측에서 비용을 내서 하겠다는데, 제가 굳이 안 할 이유는 없잖아요.

이처럼 재판부가 증거 조사에 강한 의지를 보이자, 볼보 측도 적극적인 움직임을 보이기 시작합니다.

디스커버리 제도 도입, 실체적 진실에 다가설까

급발진 소송은 양측의 의견이 첨예하게 갈리는 대표적 재판 중 하나입니다. 하지만 완벽히 기울어진 운동장이기도 합니다. 자동차의 결함을 소비자가 입증하기란 사실상 불가능하기 때문입니다. 우리나라 민사소송에서 급발진이 인정돼 손해배상 판결이 확정된 재판이 단 한 건도 없다는 점이 이를 잘 보여줍니다.

그렇다 보니 소비자에게는 증거 조사가 매우 중요한 절차인데, 제조사로서는 협조하지 않으면 사실상 그만입니다. 법조계에서 '디스커버리(Discovery) 제도 도입' 논의가 꾸준히 나오는 것도 이 때문입니다. '소송 전 증거 수집 제도'로도 불리는 디스커버리 제도는 쉽게 말해 재판에 앞서 양측이 서로 필요한 자료, 증거 등을 요구하는 제도입니다. 서로 필요한 자료를 받을 수 있고 공개되는 만큼 소송 당사자 간의 '정보 불균형'이 해소될 수 있습니다. 법관들 역시 사건을 판단하는 데 충분한 자료를 얻을 수 있죠.

우리나라는 다른 나라보다 민사 재판의 항소율이 상당히 높습니다. 1심 민사 재판 결과에 불복해 항소에 나서는 이들이 많다는 얘기입니다. 법원행정처에 따르면 우리나라 민사합의 1심 재판에 대한 항소율은 1991년 32.1%에서 계속 증가해 2021년 43.5%에 달했습니다. 절반에 가까운 사람들이 1심 재판 결과를 받아들이지 못한다는 의미죠. 법조계는 이를 "소송 당사자들이 1심 재판에서 충실한 심리가 이뤄지지 않았다고 느낀 것"이라고 판단합니다.

지금 살펴보고 있는 볼보 급발진 손해배상 소송에선 적극적인 증거 조사 분위기가 느껴지지만, 모든 재판이 그런 것은 아닙니다. 결국 강력한 증거 조사를 가능케 하는 절차를 제도화해 충실한 심리를 해보자는 것이 디스커버리 제도 도입론자들의 주된 근거입니다.

"제조물책임을 묻기 위한 소비자의 증명책임 완화 필요"

2023년 5월 17일, 볼보 급발진 의혹 손해배상 재판부는 2020년 8월 열렸던 'BMW 사고' 2심 재판을 언급합니다. 급발진을 인정하며 업체가 유족에게 손해를 배상하라고 판견한 재판이죠.

2018년 5월 발생한 BMW 사고 당시 운전자는 시속 200km로 약 300m를 달렸고, 결국 벽에 충돌해 사망했습니다. 주목할 점은 운전자가 급가속 직후 차선을 바꿔 갓길로 달렸고, 비상등을 작동했다는 점입니다. 주변에 위험을 알린 것이죠. 급가속 이전에는 시속 80~100km로 달린 점도 확인됐습니다. 이에 당시 2심 재판부는 유족 패소 판결을 내린 1심 판결을 뒤집고, 급발진을 인정했습니다. 차량이 갓길로 달렸고 비상등을 작동한 점을 볼 때 운전자는 정상적으로 차를 몰았고, 결함은 제조사의 영역에 있다고 '추정'한 겁니다. 재판부는 "이 사고는 운전자가 정상적으로 자동차를 운행하고 있던 상태에서 제조업자의 배타적 지배하에 있는 영역에서 발생한 것으로 결국 자동차 결함으로 인한 사고로 판단된다"라고 봤습니다(현재 이 사건은 대법원 판결을 기다리고 있습니다).

볼보 재판부도 이 점에 주목했습니다. 그러면서 현행 제조물 책임법에 대한 생각을 털어놓습니다.

2023.5.17 서울중앙지법 민사합의15부, 볼보 급발진 의혹 손해배상 소송 변론 중

재판부 —— 그 판결(BMW 2심 판결)을 보면 결함을 거의 추정했더라고요. 제조물책임에서 고도의 기술이 집약돼 당사자가 입증하지 못하는 것은 그런 식으로 증명해야 한다고 그 재판부가 판단한 것 같다는 생각도 듭니다.

개인적으로 이 사건에서 어떻게 될지는 모르겠지만, 제조물책임 관련해서 급발진 증명 법리 부분은 정정돼야 한다는 생각은 있습니다. 법리적으로.

A씨 측 —— 네. 맞습니다. 자율주행 레벨2 차량은 제조물 중에서 고도의 인공지능(AI)이 적용된 것이고 급발진도 과거 급발진

과 다릅니다.

재판부 ─── 그러니까요. 자율주행 부분도 계속 나올 텐데 종래 제조물책임법을 그대로 적용하는 게 맞는지 여러 생각도 듭니다.

여러 고민 속에 다양한 감정을 진행한 볼보 재판부는 심리를 시작한 지 약 3년 만인 2024년 4월 17일 판결을 내립니다. 반전은 없었습니다. 이번에도 소비자 패소. 제조사가 손해를 배상할 필요가 없다는 것이었죠.

2024.4.17 서울중앙지법 민사합의15부, 볼보 급발진 의혹 손해배상 선고 중

재판부 ─── 이 사건의 경우 운전자가 정상적으로 사용하는 상태에서 사고가 발생했는지 강한 의심이 들어서 원고의 청구를 받아들이기는 어렵습니다.
주문, 원고의 청구를 모두 기각한다. 소송 비용은 원고가 부담한다.

재판부는 차량 결함에 의한 급발진을 인정하지 않았습니다. 다만, 주문에 앞서 현행 제조물책임법에 대한 아쉬움을 먼저 토로했습니다.

재판부 ── 음, 이 사건은 급발진 관련된 사고가 계속 문제가 되고 있고, 제조물책임 관련해서도 법률이 소비자의 증명책임을 완화하고 있지만…. 이런 유형과 특성을 비춰봤을 때 다소 다른 방식으로 증명책임 완화가 이뤄져야 하지 않을까 생각합니다.

재판부의 이러한 아쉬움은 판결문에도 고스란히 담겼습니다. 소비자에게 1차적 결함 증명책임을 부과한 현행법을 완화해야 한다는 겁니다.

서울중앙지법 민사합의15부, 볼보 급발진 의혹 손해배상 판결문 중

자동차의 급발진 의심 사고는 이미 수십 년 전부터 끊임없이 발생하고 있고, 그중에는 실제 급발진이 발생한 경우가 없다고 단정하기 어려움에도 우리나라에서 급발진으로 제조사의 책임을 인정한 종국적인 판단은 한 번도 이뤄지지 않은 점 등을 고려하면 급발진 의심 사고에서 제조물책임을 묻기 위한 소비자의 증명책임을 좀 더 완화할 필요성이 있다.

급발진 의심 사고에서 소비자 측의 증명은 '일반인의 상식과 경험 등에 비춰 사고의 양상이 비정상적이라는 사실을 통해 해당 사고가 통상적으로 발생하지 않는다는 사실을 증명한 후 그러한 비정상적인 사고를 유발할 만한 소비자 측의 요인이 없다는 사실을 여러 간접 사실들, 예컨대 소비자 측의 신체적·정신적 결함, 환경적 요인, 운전 경력과 습관, 차량 개조 여부, 사고 회피를 위한 노력 여부 등과 같은 사실들로 증명하면 일응 결함으로 인한 사고 발생을 추정하되 제조업자가 차량의 결함과 무관하게 그 사고가 발생할 수 있다는 상당한 가능성을 증명함으로써 그 추정을 뒤집을 수 있다고 보는 등으로 완화할 필요가 있다.

패소한 A씨 측은 항소했습니다. 하지만 현행법이 바뀌지 않는 이상 A씨 측은 항소심에서도 1심과 마찬가지로 자신들이 정상적으로 차량을 운행 중이었다는 점을 증명해내야 합니다. 결코 쉽지 않은 길입니다.

A씨 측 변호인인 하종선 변호사는 급발진 의심 사고로 12세 이도현 군이 숨진 강릉 티볼리 급발진 의혹 사건의 손해배상 소송도 맡고 있습니다. '도현이 사건'으로 불리는 이 사건은 결함 증명책임을 소비자가 아닌 제조사에 부과하는 '도현이법'을 준비하는 계기가 됐습니다.

도현이법은 21대 국회에서 논의됐지만, 국회 본회의를 통과하지 못하고 임기 종료로 자동 폐기됐습니다. 이 기울어진 운동장은 언제 평평해질 수 있을까요?

서울에서만
탑승 거부당했다

로마에 가면 로마의 법을 따르라지만, 21세기 대한민국에서 지역마다 법이 다르게 적용된다면 어떨까요? 예컨대 부산·광주·인천에서 타던 콜택시를 서울에서는 못 탄다면, 당사자는 얼마나 당혹스러울까요? 더욱이 그 차가 단순한 콜택시가 아니라 장애인콜택시라면 말입니다.

서울시가 위법을 저지른 걸까요? 그렇다면 서울시는 피해자에게 합당한 보상을 했을까요? 피해자가 보상을 받으려면 서울시가 '고의로' 피해자를 차별했음을 증명해야 합니다. 지금부터 '차별'에 대한 사법부의 시각이 어떻게 달라졌는지 살펴보겠습니다.

위법이지만 고의는 아니었다?

황덕현 씨는 평소 휠체어를 타고 다니는 중증 장애인입니다. 다리를 끌며 간신히 움직일 수는 있지만, 걷기는 힘든 정도의 장애를 지녔죠. 그래서 광주나 부산, 인천에 갔을 때는 장애인콜택시를 이용해왔습니다. 그런데 유독 서울에서만 장애인콜택시를 이용할 수 없었습니다. 서울시와 서울시설공단이 황씨의 장애가 콜택시를 이용할 만큼 중증은 아니라며 이용 대상에 해당하지 않는다고 봤기 때문입니다.

이에 황씨는 서울시와 공단을 상대로 '택시 이용을 허가하는 구제 조치를 하고 500만 원을 배상하라'는 취지의 장애인 차별 중지 청구 소송을 냈습니다. 하지만 1심 재판부는 이를 기각했습니다. 서울시가 황씨의 장애인콜택시 이용을 거부한 것은 위법이지만, 공무원의 고의적 과실이 아니며 차별 행위도 아니라는 이유에서였습니다. 황씨는 1심에 불복해 항소했습니다.

이 사건의 쟁점은 서울시와 공단이 황씨의 장애인콜택시 이용 신청을 거부한 것이 장애인차별금지법에서 정한 '차별 행위'냐 아니냐입니다.

서울시가 황씨의 장애가 콜택시를 이용할 만큼 심하지 않다고 해석한 이유는 뭘까요? 황씨는 '종합 장애 정도가 심한 중증 장애인'이면서 '지체(상체) 장애, 장애의 정도가 심한 장애인'이지만, '하체 장애는 심하지 않다'는 판정을 받았습니다. 이에 따라 서울시는 황씨에 대해 교통약자법 시행규칙에 따라 보행상 장애가 심한 장애는 아니라고 판단했고, 콜택시를 이용할 수 없다고 본 겁니다.

1심 재판부는 이 부분에 대해서는 서울시의 해석이 잘못됐다고 보고, 황씨를 보행상 장애인으로서 버스·지하철을 이용하기 어려운 사람으로 인정했습니다.

2022.12.19 서울중앙지법 제26민사부, 장애인 차별 중지 소송 1심 판결 중

재판부 ── 교통약자법의 입법 취지를 고려하여 대중교통 이용에 어려움이 있는 장애인이 특별교통수단 이용에서 배제되지 않도록 그 이용 대상자 범위를 지나치게 축소하지 않을 필요가 있다. (중략)

또한 보행상 장애인이면서 종합 장애의 정도가 심한 장애인이자 버스·지하철 등의 이용이 어려운 사람은 장애인콜택시와 같은 특별교통수단을 이용하지 않고서는 이동이 곤란하므로, 그와 같은 사람들에게 특별교통수단을 제공하는 것은 교통약자법의 입법 취지에도 부합한다. (중략)

따라서 원고는 교통약자법 시행규칙에서 요구하는 요건을 모두 갖추어 특별교통수단 이용 대상자에 해당하므로, 피고 서울시설공단이 원고의 장애인콜택시 이용 신청을 거부한 것은 위법하다.

그렇다면 1심 재판부는 왜 서울시가 차별 행위를 저지르지 않았다고 본 것일까요? 황씨가 소송을 제기한 건 장애인차별금지법에 따른 차별을 당했다는 것인데, 서울시의 위법 행위가 차별금지법에 나와 있는 차별은 아니었다고 봤기 때문입니다.

재판부 —— 장애인차별금지법에서 규정하는 차별금지 대상은 모든 이동 및 교통수단에 대해 적용되는 것이 아니라, 같은 법 제3조에서 정의하고 있는 '이동 및 교통수단 등'에서의 차별을 금지하고 있다. (중략)
교통수단은 버스, 도시철도차량, 여객운송 철도차량, 비행기, 선박, 기타 대통령령으로 정하는 운송수단으로 (중략) 장애인차별금지법에서 교통행정기관(서울시)이 장애인의 이동 및 교통수단 등의 이용에 필요한 '정당한 편의 제공'의 적용 대상이나 내용으로 규정하고 있지 않는 한, 교통행정기관의 특별교통수단 미제공은 장애인차별금지법에서 금지하고 있는 차별 행위에 해당한다고 볼 수 없다.

한마디로 교통약자법에는 특별교통수단(장애인콜택시) 제공 의무가 규정돼 있지만, 장애인차별금지법에서는 이를 규정하고 있지 않으므로 특별교통수단 미제공은 차별금지법상 차별 행위가 아니라는 거죠. 아울러 서울시 공무원이 고의로 규칙을 잘못 해석해 황씨의 요청을 거부한 것도 아니기 때문에 서울시 잘못이 아니라는 것이 1심 재판부 판결의 요지입니다.

> **재판부** —— 피고가 원고의 장애인콜택시 이용 신청을 거부한 것이 보통 일반의 공무원을 표준으로 하여 볼 때 객관적 주의의무를 결여하여 그 행정 처분이 객관적 정당성을 상실하였다고 인정될 정도에 이른다고 단정하기 어렵다.

콜택시 타기엔 '부족한' 장애인이 있다는 서울시

황씨와 서울시는 결국 항소심 법정에서 다시 만났습니다. 항소심 재판부 역시 처음에는 냉랭했습니다. 2023년 3월 첫 변론 때 재판부는 "기일을 여유 있게 드릴 테니 변경 신청하지 마시고요. 다음 기일에 이 사건을 종결하겠습니다"라고 했습니다. 사실관계 다툼이 아닌 법리 싸움이니, 시간 끌지 않고 빨리 끝내겠다는 의미였죠.

재판부를 움직인 것은 마지막 변론 기일에 직접 등장한 황씨였습니다. 휠체어를 타고 입정한 황씨. 원고석까지 심하게 절뚝거리며 걸어가 가까스로 착석했습니다. 민사소송에서는 대부분 원고와 피고의 대리인들만 재판에 참석합니다. 당사자가 꼭 출석할 의무는 없거든요.

2023.4.27 서울고등법원 제9민사부, 장애인 차별 중지 소송 변론 중

재판부 —— 원고 본인이 나왔으니까 걷는 것을 좀 보여주시죠. 평소 휠체어에 앉아서 생활하시나요?

(원고인 황씨가 아주 천천히 휘청거리며 자리에서 일어남)

재판부 —— 아이고, 힘드시겠네.

원고 —— 병원에서는 걷지 말라고 합니다.

재판부 —— 네, 그 정도만 (걸어보시면 된다). 앉으시고요. 근데 상체 장애가 좀 있으시고 하체에도 있으신 것 같은데, 장애 판정을 보면 하체가 심하지 않고 상체가 심해서 종합적으로 심하다, 이렇게 나왔거든요. 그 부분이 얼핏 납득이 안 가네요.

원고 —— 저도 (장애 판정이) 납득 가지 않습니다.

재판부 —— 상지는 심하고 하체는 심하지 않고.

원고 —— 두 개가 바뀐 거예요. 원래 바꿔줘야 맞는데 판정을 안 바꿔줘요. 목과 척수 때문에 못 걷게 된 거예요. 신경 전달이 뇌까지 가지 않기 때문에, 목에 장애가 있다고 보고 상체(중증 장애)로 나온 것 같아요.

뇌성마비와 언어 장애가 있는 황씨의 말은 집중해서 듣지 않으면 알아듣기 힘들 정도로 어눌했습니다. 걷지도 못하고 제대로 말하지도 못하는 황씨를 보고 있으면, 도대체 그가 왜 장애인 콜택시를 이용할 수 없었던 것인지 쉽게 수긍이 가지 않습니다. 재판부의 반응도 마찬가지였습니다. 그럼에도 서울시와 시설공단은 여전히 책임을 회피하는 듯한 답변만 되풀이했습니다.

피고(서울시) ―― 기존에 있던 제도의 취지를 고려해서 운용해왔습니다. 현재로서는 한정된 예산과 자원이 있기 때문에요. 당사자 측과 서울시 담당 부서와 얘기해보니, 만약 원고가 해석하듯 확대해석 해버리면 시설 제공에 한계가 있고 갑자기 이용 대상이 늘어나서 기존에 이용하시던 분들이 이용하기 어렵게 되기 때문에 많이 고민하고 있다고 합니다. 재판부께서는 현실적 문제를 고려해서 결정해주시기 바라고, 해석의 문제도 있지만 입법으로 해결해야 할 문제가 아닌가 생각하고 있습니다.

피고(시설공단) ―― 물론 장애인 모두에 대해 특별교통수단을 제공하는 것이 가장 이상적일 거라고 생각합니다. 하지만 기존 이용 대상자들도 이용 대기시간이 1시간에서 90분 이상 걸리는 실정입니다. 마냥 이용 대상을 늘리는 것이, 현재 시급하게 이용해야 하는 장애인들의 사정에 비춰보더라도 바람직한지 의문입니다.

부산과 광주, 인천 등 다른 곳에서는 장애인콜택시를 아무 문제 없이 이용해오다가 서울에 와서 갑자기 이용할 수 없게 됐을 때 황씨는 얼마나 당혹스러웠을까요. 다른 장애인들이 콜택시를 이용해야 하니 기존에 있는 법이 개정될 때까지 기다리라고 하는 서울시의 답변은 또 황씨를 얼마나 실망시켰을까요.

정당한 사유 없는 차별

항소심 재판부는 공단이 참고한 콜택시 이용 대상 기준이 서울시가 자율적으로 운영하는 조례에 근거한 것인지, 아니면 법령에 근거한 것인지를 거듭 물었습니다. 그리고 교통약자법의 입법 취지를 고려해 황씨의 손을 들어줬습니다. 재판부는 "어느 부위의 장애든 장애의 정도가 심해 버스나 지하철을 타기 어려운 사람에게 콜택시와 같은 특별교통수단을 제공하라는 것이 입법 취지"라면서, 서울시가 황씨의 하지 장애가 심하지 않아 요청을 거부했다는 것은 "정당한 사유 없는 차별"이라고 강조했습니다.

재판부는 또 하지가 절단됐다면 무조건 보행상 장애이고 하지가 절단되지 않았더라도 언어 장애 등 그 밖의 이유로 보행상 장애에 해당하는 경우가 있을 수 있다고도 봤습니다. 항소심 과정에서 나온 "보행상 장애 정도를 경증과 중증으로 나누어 구분하지는 않고 있다"는 보건복지부의 답변을 언급하기도 했고요.

콜택시 이용이 절실한 사람들의 대기시간을 줄이기 위해서 황씨의 요청을 받아들이지 않았다는 서울시의 항변에 대해서도 재판부는 비합리적이라고 봤습니다. 사실상 콜택시 이용이 더 절실한 장애인, 덜 절실한 장애인으로 나눈 서울시의 조치가 반드시 '합리적 결과'로 이어지지 않을뿐더러 오히려 이용 대상의 범위만 줄어들 수 있다는 이유에서였습니다.

재판부는 "관련 법령상 피고들이 주장하는 개념인 '보행상 장애의 정도가 심한 장애인' 또는 '심한 보행상 장애'를 판단할 기준이 존재하지 않는다"며 "피고는 '자의적 판단의 염려가 없다'고 주장하나 받아들이지 않는다"라고 강조했습니다. 그러면서 "원고(황씨)가 이 사건 거부 행위 이후 현재까지 3년이 넘도록 서울에서 장애인콜택시를 이용하지 못하고 있고 이는 서울에서 거주하고 있는 원고에게 큰 불편을 주었을 것이라는 점, 원고가 장애인콜택시를 이용하지 못함으로써 다른 대중교통 등을 이용하는 과정에서 겪어야 했을 이동상 어려움의 정도 등을 고려해 위자료 액수(300만 원)를 정했다"라고 설명했습니다.

서울시가 고의 여부를 떠나 위법했고 그 기준이 자의적이었다는 것을 입증하는 데만 3년이 넘는 시간이 걸렸습니다. 3년 동안 법정에서 법리적 다툼이 벌어지는 동안 황씨는 현실 속 길거리에서 사투를 벌여야 했습니다. 서울시에서 위자료 300만 원을 받게 됐지만 한 걸음도 떼기 힘든 그에게 가장 필요했던 것은 제때 오는 콜택시 한 대였을 겁니다.

대법원도 항소심 재판부와 판단을 같이했습니다.

할머니는
손녀를 입양할 수 있을까?

돈 때문에 자식이 부모를 죽이고 부모가 자식을 버리는 일이 하루가 멀다고 보도되는 세상입니다. 가족의 정의가 제각각이 된 지도 오래입니다만, 그래도 불변의 정의가 있다면 가족이란 한 개인이 어떤 시련과 고난에도 꿋꿋이 버틸 수 있는 뿌리라는 것 아닐까요?

여기 한 아이가 있습니다. 나름대로 단란한 가정에서 컸을 수도 있지만, 아빠가 사업을 시작하면서 사채에 손을 댔습니다. 빚을 갚지 못한 아빠는 업자들에게 잡혀갔고, 아이는 다섯 살 이후 아빠를 만나지 못했습니다. 생사도 모릅니다. 생활고에 시달리다 가출한 친모와도 연락이 두절됐습니다. 아버지의 행방불명으로 중국에 홀로 남아 있던 이 아이를 2014년 한국으로 데리고 온 건 할머니였습니다. 그렇다면 이 아이에게 가족은 누구일까요?

손녀의 '복리' 해석 문제

할머니는 6년 동안 홀로 손녀를 키웠고, 아이도 한국 생활에 곧 적응했습니다. 그런 두 사람의 행복에 금이 간 것은 2020년 아이의 친모가 재혼한 사실이 당국에 알려지면서였습니다. 재혼한 친모가 중국으로 가게 되면서 아이는 방문 동거인에게 주어진 체류 자격을 잃었고 강제 추방의 위기에 몰렸습니다. 할머니에게 남은 선택은 손녀를 입양해 정식으로 가족이 되는 것뿐이었습니다.

두 사람은 2014년부터 9년 동안 함께 살았습니다. 할머니는 손녀를 한국 학교에 보냈고 아이도 우리 문화에 빠르게 적응해 평범한 한국 소녀로 자랐습니다. 하지만 우리 법은 가혹했습니다. 사춘기 소녀는 옆에 있는 유일한 혈육인 할머니와 떨어져 얼굴도 가물가물한 친모를 따라 중국으로 가야 했습니다.

그래서 할머니는 손녀를 입양하기로 하고 서울가정법원에 입양을 청구했지만, 1심 재판부는 받아들이지 않았습니다. 입양에 관한 민법 역시 가족의 의미에 대해 정형화된 해석을 하기 때문입니다. 민법 제867조는 양자가 될 미성년자의 복리(福利)를 위해 양육 상황, 입양 동기, 양부모의 양육 능력 등을 고려해 입양을 허가하지 않을 수 있게끔 정하고 있습니다. 소녀의 '복리'를 어떻게 해석하느냐에 따라 결과가 달라질 수밖에 없는 부분입니다.

2021.7.7 서울가정법원 심판

청구인은 사건본인*(손녀)의 친조모인바, 청구인이 사건본인을 입양하게 되면 조모가 모친이 되고 친부는 사건본인과 남매가 되는 등 가족 내부 질서와 친족관계에 중대한 혼란이 초래될 것이 분명한 점, 지금까지의 양육 상황에 비춰 사건본인을 입양하지 않더라도 청구인이 사건본인을 양육하는 데에 현실적인 장애가 있다고 보이지 않는 점 등을 종합하여 보면, 청구인이 사건본인을 입양하는 것이 사건본인의 복리에 부합한다고 단정하기 어렵다.

1심 재판부는 지난 9년 동안 소녀가 한국 국적을 취득했다면, 친모가 재혼해 중국으로 떠나더라도 손녀는 강제 추방을 당하지

---

* 소송이나 심판의 대상이 되는 자를 뜻한다.

않을 수 있다고 봤습니다.

그런 데다 입양을 허가할 경우 서류상으로 형성되는 가족관계가 일반적으로 받아들여지는 가족관계와는 달라지니, 이 점 역시 소녀에게 이익은 아니라고 본 것 같습니다. 하지만 의문은 남습니다. 2007년 한국에 귀화한 할머니 입장에서 손녀가 중국으로 강제 추방당한다면 어떻게 양육을 계속할 수 있을지 말입니다.

서류상 완벽한 가족보다 중요한 것

두 사람은 가족으로 남을 수 있었을까요? 결론부터 말하자면 2심 재판부가 1심의 판단을 뒤집으면서 두 사람은 서류상으로도 가족이 되었습니다. 2심 재판부는 할머니와 함께 있는 편이 소녀의 행복과 이익에 부합하는 것이라고 봤습니다. 그러면서 2021년 대법원 결정을 근거로 할머니의 청구를 받아들였는데 직접 읽어보시죠.

2021.12.23 대법원 전원합의체 결정

법원은 조부모가 단순한 양육을 넘어 양친자로서 신분적 생활 관계를 형성하려는 실질적인 의사를 갖고 있는지, 입양의 주된 목적이 부모로서 자녀를 안정적·영속적으로 양육·보호하기 위한 것인지, 친생부모의 재혼이나 국적 취득, 그 밖의 다른 혜택 등을 목적으로 한 것은 아닌지 살펴보아야 한다. (중략) 친생부모의 생존 여부나 교류 관계 등에 비추어 조부모와 자녀 사이에 양친자관계가 자연스럽게 형성될 것을 기대할 수 있는지를 살피고 조부모의 입양이 자녀에게 도움이 되는 사항과 우려되는 사항을 비교·형량하여 개별적·구체적인 사안에서 입양이 자녀의 복리에 적합한지 판단해야 한다.

할머니의 입양이 허가되지 않는다면 열네 살 소녀는 중국으로 건너가 혈혈단신으로 살아야 합니다. 친부모와 연락이 끊긴 지 오래고, 연락이 닿는 친인척도 없습니다. 남은 문제는 단 하나, 법원이 입양을 허가함으로써 꼬여버릴 서류상 가족관계입니다. 이에 대한 2심 재판부의 해석은 다음과 같습니다.

2022.12.5 서울가정법원 결정(항고)

청구인이 사건본인을 입양하더라도 가족 내부 질서나 친족관계에 혼란이 초래되거나 사건본인의 정서에 부정적 영향을 미칠 가능성이 있다고 보기 어렵고, 오히려 청구인과 사건본인 사이의 양친자관계가 자연스럽게 형성될 것으로 기대할 수 있

는 점 등을 종합하면, 청구인이 사건본인을 입양하는 것이 사
건본인의 복리에 부합한다고 판단된다.

　서류상 완벽한 가족관계를 유지하는 것과 꼬여버린 족보를 갖
게 되더라도 사랑하는 할머니와 사는 것 중 무엇이 더 소녀의 행
복을 위한 것인지는 명확해 보입니다. 할머니가 '서류상 엄마'가
된다고 하더라도 손녀에게 할머니는 언제나 기댈 수 있는 '뿌리'
가 되어줄 겁니다.
　로마 시대의 철학자 에픽테토스는 "율법은 인간의 삶을 위한
것이어야 한다"라고 강변했습니다. 법리(法理)가 순리(順理)에 어
긋나지 않아야 한다는 뜻이자, 그가 살던 시대부터 2심 재판부
의 결정이 나온 현재까지 2,000년 넘게 인류가 증명해온 진리(眞
理)이기도 할 겁니다.

3

국가의

말

국가 주연
'잔혹극'의 책임은?

배우 황정민이 출연하고 나홍진 감독이 제작한 영화 〈곡성〉을 기억하시나요? 낯선 외지인이 나타난 후 벌어지는 의문의 연쇄 사건, 이를 추적하는 경찰이 직면하는 괴이한 현상들을 담았죠. 무당과 악마의 저주 등 오컬트적인 요소를 절묘하게 버무려 관객들을 충격에 빠뜨린 영화로 유명합니다. '곡성(哭聲)'이라는 제목은 영화의 배경이 된 전라남도 곡성(谷城)과 발음이 같으며, 기괴하고 음산한 분위기를 한껏 연출해내 한국 공포물의 수작으로 꼽힙니다.

이번에 전해드리는 이야기가 바로 전남 곡성군에서 일어난 사건입니다. 이 사건에서는 영화와 달리 악마, 천사, 저주 같은 건 전혀 등장하지 않습니다. 다만 현존하는 국가 권력이 개인의 삶을 파괴하고, 심지어 그 책임과 배상조차 외면하는 과정은 영화 〈곡성〉 못지않게 공포스럽고 잔혹합니다.

진범들의 무고에 성폭행범이 된 아버지

사건은 영화 〈곡성〉이 개봉하기 1년 전인 2015년에 시작됐습니다. 곡성에서 호두과자를 팔며 평범하게 살아가던 50대 남성 A 씨. 그에게는 2015년 12월 30일부터 이해하기 어려운 일이 연속해서 벌어집니다.

그날 저녁 윗집에 살던 여성 B씨가 술에 취해 다짜고짜 찾아와서는 '당신이 내 조카를 성폭행했다'라며 행패를 부립니다. 뜬금없는 행패에 A씨는 경찰에 신고했습니다. B씨는 출동한 경찰에게 계속해 'A씨가 내 조카를 성폭행했다'라고 주장했습니다. A씨에 대한 수사는 그렇게 시작됐습니다.

하루아침에 성폭행 피의자로 조사를 받게 된 A씨는 수사 내내 "B씨의 조카는 얼굴도 본 적이 없는 사람"이라며 혐의를 부인합니다. 경찰과 검찰 수사 내내 그는 무죄를 주장했고 '고모 B씨와 그의 조카가 자신을 성폭행범으로 지목해 허위 진술을 하고 있다. 철저히 조사해 처벌해달라'며 무고 혐의로 B씨 등을 역고소합니다.

하지만 A씨는 1년 가까이 조사를 받은 끝에 2016년 11월 30일 구속됩니다. 전남경찰청과 광주지방검찰청 목포지청은 A씨가 2015년 봄부터 겨울까지 지적 장애가 있는 B씨의 조카를 집과 모텔 등에서 세 차례 성폭행했고, 범행을 숨기기 위해 고모 B씨 등을 무고했다고 결론 내렸습니다.

그렇게 장애인 위계 등 간음과 주거침입, 무고 등의 혐의로 재판에 넘겨진 A씨는 결국 2017년 3월 31일 광주지방법원에서 모든 혐의가 인정돼 징역 6년을 선고받습니다. A씨는 수감 이후에도 "일면식도 없는 사람"이라며 자신의 무죄를 줄기차게 주장했습니다.

아무도 믿어주지 않았던 A씨의 무죄 주장. 이를 증명한 사람은 A씨의 딸이었습니다. 경기도에 살던 딸은 사건이 벌어진 곡성으로 내려가 마을 주민들을 만나 탐문을 시작했고, 아버지가 구속된 지 약 10개월 만인 2017년 9월, 전남 나주로 이주한 B씨의 조카를 찾아내 만납니다.

B씨의 조카가 털어놓은 말은 충격적이었습니다. 자신을 성폭행한 사람은 A씨가 아니라 고모 B씨의 남편, 즉 자신의 고모부인 C씨라는 겁니다. 남편 C씨의 성폭행 사실을 이미 알고 있던 B씨가 지적 장애를 앓는 조카에게 A씨를 범인으로 지목하라고 계획적으로 교육한 거죠.

B씨 조카 진술 —— 경찰서에 조사를 받으러 가기 전에 고모가 A씨에게 성폭행을 당했다고 말하도록 시켰습니다. 곡성에서 절 성폭행한 사람은 고모부입니다.

경찰과 검찰의 수사, 그리고 1심 재판부의 판단을 모두 뒤집는 발언이었습니다. 항소심 재판부가 2017년 9월 29일, A씨의 보석을 허가함으로써 A씨는 석방됩니다.

헛발질한 검경의 수사는 원점에서 다시 시작됐고, 수사 당국은 고모부 C씨가 2015년 봄부터 여름까지 자택에서 조카를 세 차례 성폭행하고, 그해 겨울엔 모텔에서 성폭행했다며 C씨를 기소합니다. 그리고 2018년 9월, C씨에겐 징역 2년 6개월이 선고됩니다. 2020년 12월엔 A씨에 대한 무고 혐의도 추가돼 C씨는 징역 3년 6개월, 고모 B씨는 징역 7년을 선고받았습니다. A씨는 1년 가까이 억울한 옥살이를 한 겁니다.

확실하지 않다면 피고인의 이익으로

그렇다면 수사 당국은 왜 이런 어처구니없는 오판을 했을까요?

지금부터 재판 곳곳에서 드러난 당국의 부실 수사를 살펴보겠습니다.

사실 고모 B씨와 고모부 C씨는 2013년에도 전남 함평에서 동네 이웃을 무고한 적이 있었습니다. 당시도 C씨가 조카를 성폭행했지만 이들은 동네 이웃에게 죄를 뒤집어씌우려 했고, 그때도 조카와 말을 맞췄습니다. 당시 수사 당국은 조카의 진술에 신빙성이 없다고 판단해 동네 이웃에게 무혐의 결정을 내렸습니다. 그러면서도 B씨와 C씨를 무고로 처벌하지 않았죠. 그때 무고로 처벌받지 않았던 B씨와 C씨가 이번엔 곡성으로 넘어와 A씨를 표적으로 삼은 겁니다.

그런데 A씨 사건(곡성 사건)을 맡았던 담당 경찰은 과거 B씨와 C씨가 함평에서 무고 혐의로 조사받은 전력이 있다는 사실을 전혀 몰랐다고 합니다. 여기서 석연찮은 부분이 있습니다. 담당 경찰의 팀장이 당시 함평 사건을 수사한 경찰이었다는 점입니다. 함평 사건을 맡은 팀장이 곡성 사건도 맡은 것이지만, 그의 팀원은 함평 사건을 몰랐다는 겁니다. 그가 함평 사건을 알았다면, 수사 방향은 완전히 달라졌을 텐데 말입니다.

2020.10.27 서울중앙지법 민사208단독, A씨 손해배상 소송 1심 공판 중

변호인 ── 이전에 함평에서 B씨와 C씨가 이웃을 신고했는데 이웃이 무혐의를 받은 사건이 있었습니다. A씨를 수사할 때 이를 살펴보지 못했나요?

경찰 —— 그렇습니다. 살펴보지 못했던 사건입니다.

변호인 —— 당시 '함평 사건'을 수사했던 책임자와 'A씨 사건(곡성 사건)' 책임자가 같은 ○○○ 경위입니다. ○○○ 경위는 함평 사건에 대해서도 잘 알고 있었던 것으로 아는데, 증인은 함평 사건을 전혀 알지 못했나요?

경찰 —— 알았다면 수사 방향이 달라졌을 겁니다. 진술 신빙성이 있나, 없나를 당연히 개인적으로 많이 판단했을 텐데, 당시엔 몰랐기 때문에 다른 방향으로 수사가 진행된 것 같습니다.

B씨 부부가 무고를 저지른 전력이 있는 줄 몰랐다고 말한 경찰은 수사 내내 B씨와 C씨의 진술만 강하게 믿었습니다. 반면 줄기차게 무죄를 주장한 A씨의 진술은 외면했죠. 'A씨가 차량에 태워 모텔로 끌고 간 뒤 성폭행하고서 마트 앞에 내려줬다'라는 조카의 진술에 대해 진위 확인조차 하지 않았습니다. A씨의 차량 블랙박스는 물론 모텔과 마트의 CCTV도 확인하지 않았는데, '저장 기간이 지났을 것'이란 이유에서였습니다.

'A씨가 모텔에서 카드로 결제했다'는 진술을 확보한 경찰은 A씨의 카드 결제 내역만 확인했을 뿐 모텔 카드 기계는 조사하지 않았습니다. 당연히 A씨의 카드에는 모텔 결제 내역이 없었지만 그냥 무시했습니다. 경찰이 만약 모텔의 카드 기계에서 범행 당시 결제된 카드가 무엇인지를 조사했다면 진범의 단서를 찾았을 것이라는 게 A씨의 주장입니다. 카드 결제 내역이 없는 A씨도 용의선상에서 제외될 수 있었겠죠. 결국 수사는 오직 A씨의 혐의점을 찾는 데만 초점이 맞춰져 있었던 겁니다.

이해할 수 없는 경찰 수사는 또 있었습니다. 선면 수사, 즉 피해자에게 여러 사진을 보여주며 범인을 지목하게 하는 수사 일정을 고모 B씨에게 미리 알려준 겁니다. B씨가 수사에 앞서 조카에게 '이 사람을 지목하라'고 교육할 가능성이 있는데도 말이죠.

변호인 ── B씨의 조카는 A씨가 열쇠로 문을 따고 들어왔다고 진술했는데, A씨가 어떻게 열쇠를 소지하고 들어온 것인지 또 A씨가 열쇠를 가지고 있었는지 추가 조사한 적이 있나요?

경찰 ── 당연히 열쇠가 없으면 못 들어오는 집인데, 그 부분에 대해선 의구심을 가졌는데 더 이상 그것을 입증할 방법이 없었습니다. 피해자 주장이 사실인 것을 입증할 방법도 없고, 반대의 입장도 마찬가지였습니다. 개인적으로는 피해자가 장애인이었기 때문에 잘못 알고 있는 것 아닌가 그런 식으로 그냥 넘어갔습니다.

결국 경찰이 A씨가 범인이라고 판단할 근거는 B씨 조카의 진술, 그리고 재판에서 증거 효력이 없는 거짓말 탐지기 결과 정도밖에 없었습니다. '확실하지 않다면 피고인의 이익으로'라는 형사소송법의 대원칙이 깨져버린 것입니다. 의심스럽더라도 입증할 증거가 없다면 무죄를 내려야 한다는 이 원칙은 인간의 오판을 막기 위해 현대 사법 체계가 마련한 것입니다.

이번 사건에서 A씨를 범인으로 판단할 근거는 매우 빈약했지만 수사 당국은 A씨가 범인이란 결론을 내렸고, 평범한 시민은 성폭행범으로 구속됐습니다. 경찰도 자신들의 오판을 실토합니다.

> **경찰** —— 일반적인 성폭력 사건에서 가해자가 불상인 경우에는 모든 가능성을 열어두고 수사하지만, 이미 피해자(B씨 조카)가 가해자를 지목한 상태에서 수사를 개시하면 그 사람이 범인이라는 것을 입증하기 위해서 수사를 하는 것이지, 이 사람이 아닐 것이란 가능성을 두고 수사하지 않습니다.
>
> 당시에 피해자 진술에 의존한 채로 수사 방향이 고정돼버린 상태에서 수사를 하다 보니 이런 결과까지 오게 된 것 같습니다.

최선을 다했다는 말

1년 가까이 억울한 옥살이를 하고 나온 A씨는 대한민국 정부를 상대로 2억 원 규모의 손해배상 소송을 냈습니다. 하지만 2021년 6월 18일, 서울중앙지법 1심에서 패소했습니다. 당시 재판부는 "수사 과정에서 일부 미흡한 점이 있었지만, 수사기관이 법령, 법규상 또는 조리상의 한계를 위반해 객관적 정당성을 결여한 수사를 했다고 보기 부족하다"라는 등의 이유로 A씨의 청구를 기각했습니다.

대법원 판례를 보면 국가는 손해배상의 요건을 '수사기관의 판단이 경험칙이나 논리칙에 비춰 도저히 그 합리성을 긍정할 수 없는 정도에 이른 경우', '공무원이 법규상 또는 조리상 한계를 위반해 객관적 정당성을 결여한 수사 방법으로 수사했다는 점이 명백히 입증된 경우' 정도로 한정하고 있습니다.

A씨의 딸은 이렇게 호소했습니다.

"아버지의 무죄를 증명했더니, 이제는 수사기관의 잘못을 증명하라고 합니다."

손해배상 소송 1심 패소 이후 A씨는 곧장 항소했습니다. 그리고 수사기관의 잘못을 증명하기 위해 필요한 자료인 'A씨 사건 수사기록'과 '함평 사건 수사기록'을 제출해달라고 요구했고, 법원은 2022년 3월 11일 수사 당국인 광주지검 목포지청에 문서 제출을 명령합니다.

하지만 검찰은 거부합니다. 함평 사건 수사기록에 대해 "사생활을 침해할 가능성이 크고 성폭력 피해자 보호 등의 관점에서도 부적절하다"라며 법원의 결정을 거부하고 즉시 항고했죠.

A씨 측은 경찰이 함평 사건과 판박이인 자신들의 사건을 왜 달리 판단했는지, 수사 과정에서 어떤 차이가 있었는지를 증명하기 위해선 함평 사건 수사기록이 꼭 제출돼야 한다는 입장이었습니다. 결국 A씨는 경찰의 부실 수사를 입증하는 데 주력합니다. 그리고 유의미한 자료를 찾아냅니다.

앞서 1심 재판에서 담당 경찰은 "함평 사건을 몰랐다. 알았다면 곡성 사건의 수사 방향이 달라졌을 것이다"라고 주장했죠. 그런데 2심 재판에서 그의 팀장이 이번 곡성 사건을 수사하면서 함평 사건 자료를 출력했고, 수사보고서에도 첨부한 사실이 드러났습니다.

2022.10.28 서울중앙지법 민사항소8-3부, A씨 손해배상 소송 항소심 공판 중

변호인 —— 수사팀장은 최소한 2016년 1월 18일에 곡성 사건의 조카가 '함평 사건'의 인물과 동일하다는 사실을 알고서 '함평 사건' 송치문을 출력해 A씨 수사보고서 자료에 포함시켰죠?

수사팀장 —— 정확하게 기억은 안 나지만 저 자료가 기록에 첨부됐다고 한다면…. 이전에 있었던 사건에 대한 자료를 첨부하게 되면 수사보고서에 넣습니다. 그 수사보고서를 제가 봐야겠는데 이 내용 설명을 정확히 하지 못하겠습니다.

변호인 ── 수사팀장이 출력했기 때문에 서류 밑에 수사팀장 이름과 출력한 날짜가 찍히는 것이죠?

수사팀장 ── 네.

변호인 ── 어쨌든 B씨가 이전에도 사건(함평 사건)이 있었기 때문에 이것을 출력한 것이죠?

수사팀장 ── 예. 동일한 사람이라는 그런 취지로.

수사팀장은 계속해서 기억이 잘 나지 않는다고 답합니다.

변호인 ── 담당 경찰은 1심 재판 증인 신문에서 함평 사건을 전혀 알지 못했다고 진술했는데, 수사팀장은 함평 사건의 사건 송치문을 출력해서 수사보고서에 편철했는데도 이 사실을 팀원인 담당 경찰에게 알려주지 않았던 건가요? (중략) 담당 경찰과 같은 조잖아요? 그리고 본인이 조장이잖아요.

수사팀장 ── 네, 그렇죠.

변호인 ── 결국에 수사에도 참여했던 조장이고 본인은 함평 사건을 알고 있어요. 그리고 송치문을 출력한 것도 나와 있어요. 본인 기억에 이전에 같은 사람이 고소했던 사건 중에 이런 사건도 있었다는 것을 같은 조인 담당 경찰에게 이야기한 사실이 있나요? 없나요?

수사팀장 ── 기억이 안 납니다.

변호인 —— 담당 경찰은 1심 재판에서 증인으로 나와서 '함평 사건을 알았다면 수사 방향이 달라졌을 것'이라고 얘기했는데, 결국 수사팀장한테 못 들었기 때문에 모르고 있었다는 거잖아요? 본인이 얘기하지 않았을 가능성이 큰 것 아닌가요?

수사팀장 —— 그렇죠. 함평 사건과 현재 있는 곡성 사건과는 전혀 예상을 못 한 거죠. 연결될 수 있다는 느낌을 전혀 못 받았다는 얘기죠.

이날 증인 신문 내내 수사팀장은 '정말 최선을 다해 수사했다'고 말했습니다. 하지만 그 결과는 한 개인을 상대로 한 국가의 처참한 폭력이었을 뿐입니다.

변호인 —— 함평 사건과 A씨 사건은 상당히 유사한데, 함평 사건은 불기소 판단을 내렸어요. 근데 A씨 사건은 왜 유죄라고 판단했나요?

수사팀장 —— 가장 중요한 조카의 진술이 함평 사건에선 오락가락했습니다. 번복이 있었습니다.

변호인 —— A씨 사건에서도 피해자 진술이 번복됐고요. 통신 기록에서도 증거가 나오지 않았고, CCTV에도 유죄라는 증거는 없었습니다. 모텔 카드 내역도 없었고요. 거의 유사한데요?

수사팀장 —— 유사하지 않죠. 범행 장소가 다르고 (함평 사건은) 처음에 갔을 때도 조카가 현장을 지목하는 과정들이 석연치 않았어요.

변호인 ── 그건 조카 진술이고요. 사건이 어떻게 다르냐는 말입니다. 장소 말고는 차이점이 없네요? 수사팀장 진술에 따르면 차이점은 장소 외에 없다는 말이죠?

수사팀장 ── 네. 장애인 사건은 정말 진실 찾기가 상당히 어렵습니다. 이 사건의 담당 경찰도 최선을 다해서 수사했고 저 역시도 수사 조장으로서 정말 한 치의 흠이 없도록 최선을 다한 수사였다고 말씀드리고 싶습니다.

검경의 헛발질에 억울한 옥살이를 한 A씨는 손해배상 소송 1심부터 2심에 걸쳐 경찰의 부실 수사와 이해할 수 없는 판단을 입증하려고 노력했습니다. 특히 경찰이 B씨 부부의 무고 전력을 알고도 잘못된 판단을 내렸다는 정황까지 발견했죠.

하지만 A씨는 손해배상 소송 항소심에서도 패소했습니다. 2심 재판부인 서울중앙지법 민사항소8-3부는 2023년 2월 3일, 국가가 손해를 배상할 책임이 없다고 판단했습니다.

2023.2.3 서울중앙지법 민사항소8-3부, A씨 손해배상 소송 2심 판결문 중

재판부 ── 함평 사건은 '검찰의 혐의없음 불기소 결정'으로 종결뎄을 뿐이다. 당시 고모와 고모부 등에 대한 무고 혐의가 인정된 것도 아닌 점과 A씨 사건의 무죄 판결이 확정되고 약 1년이 지난 후인 2020년 12월 11일에서야 고모와 고모부 등이 무고죄 등으로 유죄 판결을 선고받은 점 등을 보태어보면 수사팀장이 함평 사건의 수사기록 중 일부를 A씨 사건에 편철했다고 하더라도 담당 경찰이 그 수사기록을 보고 곧바로 무고 가능성을 알았으리라고 추단하기도 어렵다. A씨의 청구는 이유 없으므로 이를 기각할 것인데, 이와 결론을 같이하는 1심 판결은 정당하다.

A씨가 2015년 B씨의 고모와 고모부로부터 무고 범죄를 당하기 전인 2013년 B씨 부부는 함평에서도 무고 범죄를 저질렀지만 경찰은 처벌하지 않았습니다. 만약 당시 이들을 무고로 처벌했다면 이번 재판 결과가 달라졌을지 모릅니다. 애초에 A씨라는 억울한 피해자가 발생하지 않았을 수도 있죠.

국가의 손해배상 책임을 밝히는 일은 참으로 어렵습니다. 국가의 명백한 실수를 입증해야 한다는 아주 엄격한 법적 잣대를 들이대기 때문입니다. 그저 호두과자를 팔며 평범한 삶을 살아가던 A씨를 전혀 지켜주지 못했던 법이 국가와 이들에겐 왜 이리도 관대한 걸까요?

성폭행 진범들의 무고로 1년간 억울한 옥살이를 한 A씨는 억울함을 풀어달라며 손해배상 소송을 내고 8년에 걸친 싸움을 이어갔지만 결국 1심과 2심에서 모두 패소했습니다. 그리고 2023년 5월 대법원에서도 패소해 끝내 배상을 받지 못했습니다.

친족 성범죄 공소시효, 이젠 바뀔까?

미성년자 시절 친족에게 수차례 강제추행을 당한 여성이 법의 심판을 내려달라고 나섰지만 법은 심판하지 못했습니다. 1심 재판부가 강제추행 사실을 인정했고, 2심 재판부도 원심 판단에 문제가 없다고 봤지만 '공소시효'가 처벌을 가로막은 겁니다.

이번엔 악몽과도 같았던, 그래서 외국으로 나갈 수밖에 없었던 친족 성범죄 피해자가 가해자 처벌을 위해 십수 년 동안 분투해왔지만, 결국 공소시효라는 벽 앞에서 좌절된 이야기를 전해드리겠습니다. 친족 성범죄 공소시효에 대한 비판의 목소리와 이 공소시효를 폐지하고자 하는 국회의 움직임도 함께 살펴보겠습니다.

강제추행과 강제추행 치상

피해자 A씨는 2005년 1월부터 사촌오빠에게 강제추행 피해를 당했습니다. 당시 A씨의 나이는 만 13세였습니다. 범행은 2007년 8월까지, 확인된 것만 10회에 걸쳐 지속적으로 이어졌습니다. A씨는 2007년부터 정신건강의학과 진료를 받는 등 의학적 치료를 받았지만, 적응과 생활에 어려움을 겪다가 결국 해외로 나갑니다.

그러던 중 2017년 전 세계적으로 미투(Me Too) 운동이 본격화되면서 소송을 결심했고, 스스로 경제적 여력을 갖추게 된 2020년 '강제추행'과 '강제추행 치상' 혐의로 사촌오빠를 고소합니다. 그가 두 가지 혐의로 사촌오빠를 고소하게 된 데는 이유가 있습니다.

바로, 공소시효 때문입니다. 현행법상 미성년자에 대한 성폭력 범죄는 해당 미성년자가 성년이 된 직후부터 공소시효가 적용됩니다. 쉽게 말해 만 15세에 피해를 입어도 해당 범죄의 공소시효는 피해자가 만 19세가 되는 날부터 적용되는 것이죠. 여기서 문제가 발생합니다. A씨가 사촌오빠를 고소한 2020년은 이미 강제추행 혐의에 대해선 공소시효가 지난 시점이었습니다. A씨가 성년이 된 2010년부터 공소시효가 적용됐지만, 구 형사소송법에서 정한 강제추행의 공소시효 7년은 이미 2017년에 만료

됐습니다. 결국 고소가 늦어 처벌할 수 없는 것이죠. A씨와 변호인도 소송 전부터 이런 사실을 알고 있었습니다. 그래서 공소시효가 더 긴 강제추행 치상 혐의까지 함께 고소한 겁니다.

하지만 '강제추행으로 내가 정신적 피해 등 상해를 입었다'라는 강제추행 치상 혐의를 인정받는 건 쉬운 일이 결코 아니었고, 피해자가 우려한 대로 법원도 이를 인정하지 않았습니다. 결국 사촌오빠에 대해 1심, 2심 재판부 모두 강제추행 혐의는 면소•, 강제추행 치상 혐의는 무죄를 선고합니다.

2022.12.08 서울고법 형사10부, 강제추행 치상 혐의 항소심 선고 중

재판부 —— 이 사건은 공소시효가 걸려 있어서 피고인이 피해자를 추행했는지 여부보다도 피해자가 입었다는 상해가 피고인의 추행 여부와 인과관계가 있는지가 핵심입니다.
하지만 마지막 추행 행위와 공황 증상 사이에 11년의 시간 간격이 존재합니다. 오랜 시간이 지나서 피해자에게 공황 장애가 생기는 것은 매우 이례적인 현상이라고 볼 수 있습니다. (중략) 과거 추행과 충분한 인과관계가 있다고 보기 어렵습니다. 검사

• 민사소송이나 형사소송에서 실체적 소송조건이 결여되어 실제 판결에 나아가지 않고 소송을 종결하는 판결을 뜻한다.

의 항소를 모두 기각합니다.

2심 재판을 맡은 서울고법 형사10부는 1심 재판부와 마찬가지로 강제추행에 대해선 공소시효 만료에 따라 면소를, 강제추행 치상에 대해선 인과관계 부족을 이유로 무죄를 선고합니다.

A씨를 향해 '왜 10년이나 넘어서 고소에 나섰느냐' 하는 의문을 가질지도 모르겠습니다. 하지만 친족 성범죄는 대개 고소가 이뤄지기까지 상당한 시간이 걸립니다. 한 지붕 아래 사는 가족 또는 피를 나눈 친척을 상대로 법정 다툼을 결심하기엔 상당한 시간이 필요할뿐더러 그사이 가족의 만류 등 많은 장애가 존재하기 때문입니다. 실제 한국성폭력상담소가 2019년 진행한 상담을 분석한 결과, 친족 성범죄 피해 이후 상담까지 진행하는 데 10년 이상의 시간이 걸린 피해자가 55.2%에 달했습니다.

A씨가 고소를 마음먹고 소송을 위한 경제적 자립을 이루는 데 쏟았던 시간이 결과적으로 가해자에게 '면죄의 시간'을 벌어준 것일지도 모릅니다. 공소시효가 지났음을 이미 알게 된 피해자가 마지막 희망을 걸었던 강제추행 치상 혐의도 결국 시간이 오래 지난 탓에 인과관계 입증에 실패했습니다. 피해자와 검찰 측은 2007년부터 2019년까지 받은 기면증, 우울증, 공황 장애 등의 진단서를 제출하는 등 상해 입증에 주력했지만 재판부는 "오랜 시간이 지나 증상이 나타났고, 추행만으로 증상이 일어난 것

이라 보기 어렵다"라고 판단했습니다.

재판부 —— 이것(기면증, 수면 장애)은 흔히 청소년기에 생기는 증상으로 보이고, 피고인의 추행 행위와 의학적 연관성이 드러나지 않습니다. 주요 우울 장애를 보면 이 같은 진단을 받을 때 피해자는 의사에게 성추행 사실을 이야기한 바 없습니다. 인과관계가 있는 상해로 보기 어렵다고 원심이 판단했습니다.
현재도 피해자가 상당한 우울 장애 상태로 고통을 받는 것으로 보이지만, 오랜 시간이 지난 뒤 공황이 나타났고 이 사건을 반복적으로 떠올리면서 감정이 심화돼 우울 장애나 외상 후 스트레스 장애가 새롭게 나타났을 가능성을 배제할 수 없습니다.

이 과정에서 판사는 다소 이해하기 어려운 말도 합니다. 강제추행 피해 이후 외국으로 떠나 외국에서 가정까지 꾸린 피해자에게 나타난 현재의 증상이 외국에서의 결혼 생활 탓일 수도 있다는 겁니다.

재판부 —— 그 뭐 아시는 것처럼 외국 생활 자체가 통상보다 상당한 스트레스를 주는 사정이 있습니다. 일반 성인 모두에게도 결혼이라는 것 자체가 상당한 스트레스를 주는 사정이라고 볼 수 있습니다. (피해자가) 외국에서 결혼까지 하면서 그 직후 공황 장애가 생긴 것을 보면 추행 행위에 따른 것이라고 단정하기 어렵습니다.

물론 이 사건 소송 절차에서 전문 심의위원이나 감정의들이 피해자가 겪는 정신 질환과 추행에 연관 가능성이 있다고는 했지만, 그 반대 가능성과 다른 원인을 배제할 수 있다는 의견으로 보기는 어렵습니다.

친족 성폭력 공소시효 폐지 발의했지만

범행과 증상 발현 사이의 시간 차이를 고려하면 강제추행 치상 혐의를 유죄로 판단하는 것도 재판부엔 부담이었을 겁니다. 그 사이 다른 요소가 작용했을 가능성이 0%라고 단정하기 어렵기 때문이죠.

이번 사건 판결문에서두 재판부가 고심한 흔적이 보입니다. 재판부는 판결문에서 '확실하지 않다면 피고인의 이익'이라는 현대 사법 체계가 마련한 대원칙을 언급합니다.

재판부 —— 형사 재판에서 공소가 제기된 범죄 사실에 대한 입증책임은 검사에게 있고, 유죄의 인정은 법관으로 하여금 합리적 의심을 할 여지가 없을 정도로 진실한 것이란 확신을 갖게 하는 증명력을 가진 증거에 의해야 한다. 그와 같은 증거가 없다면 설령 피고인에게 유죄의 의심이 간다 하더라도 '피고인의 이익'으로 판단할 수밖에 없다.

물론 최근 대법원을 포함한 일부 법원에서는 성범죄 피해자마다 각기 다르게 나타나는 모습을 이해해야 하고, '피해자라면 이런 모습을 보여야 했다'라는 편견에서 벗어나 판단해야 한다는 판결도 자주 나옵니다. 다음과 같은 판례가 대표적입니다.

2022.8.19 대법원 제3부, 강제추행 상고심 중

재판부 —— 성폭력 범죄는 성별에 따라 차별적으로 구조화된 성을 기반으로 지극히 사적인 영역에서 발생하므로, 피해자라도 본격적으로 문제 제기 전까지는 피해 사실이 알려지기를 원치 않고, 가해자와 종전의 관계를 계속 유지하는 경우도 적지 않고, 피해 상황에서도 가해자에 대한 이중적인 감정을 느끼기도 한다. 이와 같이 성폭력 피해자의 대처 양상은 피해자의 나이, 성별, 지능이나 성정, 사회적 지위와 가해자와의 관계 등 구체적인 처지와 상황에 따라 다르게 나타날 수밖에 없다.

그러한 사정을 충분히 고려하지 아니한 채 통상의 성폭력 피해자라면 마땅히 보여야 할 반응을 상정해두고 이러한 통념에 어긋나는 행동을 하였다는 이유로 섣불리 경험칙에 어긋난다거나 합리성이 없다고 판단하는 것은 정의와 형평의 이념에 입각하여 논리와 경험의 법칙에 따른 증거 판단이라고 볼 수 없다.

2심 재판이 끝난 뒤 피해자 측 변호사는 CBS 노컷뉴스에 '친족 성범죄의 공소시효 폐지를 다시 논의할 때가 아닌가 싶다'라고 말했습니다. 이번 사건에서 피해자는 공소시효가 완료된 강제추행으로 유죄를 끌어낼 수 없었기에, 더 어려운 길인 강제추행 치상으로 법정 다툼을 할 수밖에 없었습니다. 강제추행에 대한 공소시효가 남아 있었다면, 먼 길을 돌아가지 않아도 됐을지 모릅니다.

국회도 이런 사정을 모르는 것은 아닙니다. 하지만 생각뿐, 바뀐 것은 없습니다. 21대 국회에서 친족 성범죄의 공소시효를 폐지하는 법안이 발의됐지만 거기서 끝이었습니다. 임기 만료로 모두 폐기됐죠. 현재 22대 국회에서도 친족 성범죄의 공소시효를 폐지 또는 연장하는 등의 법안이 발의됐지만, 결과는 여전히 감감무소식입니다.

'섀도 닥터' 기소 안 한 검찰, '위법하지 않다'는 법원

'유령 성형수술'이라는 말, 한 번쯤은 들어봤을 겁니다. 일단 유명 성형외과 의사가 환자와 상담을 합니다. 그런데 환자가 수술대에 누워 마취로 정신을 잃으면 무명의 치과 의사나 이비인후과 의사 등 몸값이 싼, 일명 '섀도 닥터'가 수술을 대신 하죠. 깨어난 환자는 자신이 전문 성형의에게 수술을 받은 것으로 압니다. 물론 운이 좋아 깨어났다면 말이죠.

2016년, 25세 청년 권대희 씨는 깨어나지 못했습니다. 안면윤곽 수술을 받다가 과다출혈로 사망했는데, 유족이 확인한 수술실 CCTV 영상에는 30여 분간 간호조무사 혼자 권씨를 지혈하는 모습이 담겨 있었습니다. 성형외과 전문의는 자리에 없었습니다. 이 사건을 계기로 수술실 CCTV 설치 등 법안 도입 필요성이 제기되기도 했죠. 다행히 사망에 이르진 않았지만 후유증에 시달리는 피해자들도 한두 명이 아닙니다.

유족은 병원을 상대로 제기한 손해배상 청구 소송에서 승소했고, 법원은 병원에 유족에게 4억 3,000만 원을 지급하라고 했습니다. 하지만 이 과정은 순탄치 않았습니다. 당장 검찰에서 의료진을 업무상 과실치사 등의 혐의로만 기소했고, 무면허 의료 행위 등에 대해서는 불기소 처분을 내렸거든요. 유족은 서울고검에 항고했지만 기각당했고, 법원에 재정신청•을 한 끝에야 의료진을 무면허 의료 행위로 인한 의료법 위반 혐의로 검찰 기소를 끌어낼 수 있었습니다.

권대희 씨를 죽음에 이르게 한 의료진은 가까스로 제기된 공소에서 실형을 확정받았습니다. 하지만 정의의 심판은 끝나지 않았습니다. 가해자들은 여전히 성형외과를 운영하고 있습니다.

• 검사가 고소 사건이나 고발 사건에 대하여 독단적으로 불기소 결정을 내렸을 때, 이에 불복하는 고소인 또는 고발인이 법원에 그 결정이 타당한지 다시 묻는 것을 뜻한다.

"의사가 만능키는 아니잖아요"

대한성형외과의사회 전 회장 김선웅 씨는 권대희 씨 사망 전인 2014년부터 이미 '유령수술 근절 특임 조직'을 꾸려 진상 조사에 나선 상태였습니다. 김씨는 살아남은 피해자들을 모아 관계자들을 당국에 고발했습니다. 하지만 돌아온 것은 검찰의 면죄부였습니다. '동의 없는 수술을 했으나 상해를 끼칠 의도를 입증할 수 없으므로 무혐의'라는 것이 검찰의 논리였습니다.

검찰은 수술비를 편취한 것에 대한 사기죄로만 전문 성형의와 섀도 닥터들을 기소했습니다. 결국 김선웅 씨는 대한민국을 상대로 손해배상 청구 소송을 냈습니다. 수사 당국과 보건 당국이 유령 대리수술에 대한 수사와 진상 조사를 하지 않아 원고들이 배상을 받아야 한다는 이유에서였습니다.

검찰이 유령수술을 자행한 의사들을 상해죄로 기소하지 않은 이유는 간단합니다. 고의로 다치게 하지 않았기 때문이라는 겁니다. 검찰은 "성형외과 의사인 A씨가 고소인들을 상담한 후 불상의 치과의사가 고소인들의 성형수술을 한 사실은 인정된다"면서도 "고소인들에게 수술 동의를 받지 않은 치과의사가 고소인을 수술했다 하더라도 이러한 사실만으로는 치과의사가 고소인에게 상해를 가할 범의를 인정하기 어렵고 달리 이를 인정할 만한 증거가 없다"라고 봤습니다.

자, 그렇다면 '수술'에 대해 '상해죄'가 성립할까요? 우선 대한민국의 형법전에는 '수술은 상해'라고 규정하고 있습니다. 어떤 수술이든 몸을 절개해 상처를 내니까요. 의사들이 (대단히 급박한 경우를 제외하고) 환자의 동의를 받고 메스를 집어 드는 것 역시 이 때문입니다. 아픈 몸을 치료하기 위해서든 미용을 위해서든 환자가 스스로 선택해 의사의 상해를 허용하는 것, 즉 동의서는 의사들에게 상해죄에 대한 면책 역할을 해준다고 볼 수도 있습니다. '적절한' 수술 행위에 대해서는 상해죄로 처벌하기 어려운 것이 이 때문입니다. 하지만 유령수술 일당은 이 같은 동의서를 받은 성형외과 의사가 아닌 성명 불상의 제3자가 해당 수술(상해행위)을 하게 한 것인 만큼 법정에서 시시비비를 다시 따져볼 필요가 있었던 겁니다.

이쯤에서 보건의약 분야에서 블루벨트(공인된 전문 검사)를 획득한 한 검사의 발표가 떠오릅니다. 유재근 검사는 2015년 서울고검에서 열린 춘계공동학술대회에서 "환자가 수술동의서에 '수술참여의사'를 명시하는 등 특정 의사를 배타적으로 선택하고 그에 대해서만 승낙하였음에도 다른 의사가 수술한 경우는 달리 봐야 할 것"이라고 발표한 바 있습니다. 그러면서 "의료 행위의 긴급성 등이 인정되지 않는다는 전제하에서 사실상 환자에 대한 '적대적인' 신체 손상을 인식하고 의도하였다고 볼 수 있어 상해의 고의가 인정된다"라고 했습니다.

다른 나라에서는 일찌감치 '수술은 상해'라는 인식이 보편화됐습니다. 미국 뉴저지 대법원은 유령수술을 "법률상 동의받은 집도의가 수술실에 존재하지 않는 상황에서 법률관계가 전무한 제3자들이 수술대 위에 놓여 있는 '살아 있는 신체'를 절개·절단·적출하는 폭력 범죄"라고 정의한 바 있습니다. 검찰 출신 변호사도 "비성형외과 의사가 해당 수술 능력이 부족함을 인지하면서 수술한 것이므로 상해죄가 성립할 수 있다"라고 설명합니다.

2022.11.23 서울중앙지법 민사합의23부, '유령수술' 국가 손해배상 결심

피고 대리인 ── 증인은 (의사들에 대해) 상해의 고의가 인정되기 어려워서 검찰에서 불기소 처분이 내려졌고, 이에 불복해 검찰 항고 및 재정신청까지 했지요. 결과는 어떠했나요?

증인 ── 잘 기억이 안 납니다. 제대로 안된 것으로만 알고 있습니다.

피고 대리인 ── 검사의 상해죄 불기소 처분에 대한 판단에 대해 재차 판단을 구했고, 그 부분에 대해서 재정신청을 심리한 법원의 판단 역시 검사의 해당 처분이 문제가 없었다는 판단이었지요. 증인은 2015년 법률대리인을 통해서 서울중앙지방검찰청의 담당 검사에게 피해자 의견서를 제출한 것을 기억하는가요?

증인 —— 네.

피고 대리인 —— 그 의견서에서는 1999년 외국 출장을 이유로 특진환자의 수술을 후배 의사에게 맡긴 경우 사기죄가 성립한다는 판례를 인용했는데, 현재까지 대리수술의 경우 사기죄가 성립하는 것 이외에 상해죄가 성립하는 국내 사례는 없다는 것을 증인과 증인의 대리인 모두 알고 있었지요.

증인 —— 그러면 처음부터 제가 수술받을 집도의와 상담을 받는 게 맞고….

결국 검찰은 유령수술을 한 일당이 '고의성'을 갖고 있지 않았다는 이유 하나만으로 상해죄에 대해선 불기소 처분을 한 겁니다. 하지만 수술을 하겠다고 상담까지 했던 의사가 아닌 제3의 인물이 메스를 집어 들었는데 고의성이 없다고 봐야 하는지에 대해선 다시 생각할 필요가 있겠죠.

검사의 불기소 처분 정당한가

어쨌든 검사의 불기소 처분이 부당했는지는 또 다른 판단의 영역입니다. 법원의 판단은 어땠을까요?

서울중앙지법 민사합의23부는 환자가 동의하지 않은 의료인이 수술하는 행위를 상해죄 등으로 기소하지 않은 검사의 처분이 위법한지에 대해서 별도로 따졌는데요.

재판부는 우선 의사의 의료 행위가 상해에 해당할 수 있는지에 대한 이 사건의 근본적인 전제와 관련한 여러 학설을 살펴봤습니다. 그러면서 검사의 불기소 처분에 대해서는 "당해 판단의 합리성을 긍정할 수 없는 일견 명백한 하자가 있는 경우에 비로소 당해 검사의 기소 여부에 관한 판단이 위법하다고 할 수 있다"라고 합니다.

재판부는 또 1994년 대법원 판례를 인용했는데요. 사법부는 이 판례에서도 수사기관의 판단에 힘을 실어줍니다. 판례는 검사가 결과적으로 틀린 판단을 했다고 해도, 법령에 대한 해석이 복잡하고 기존 판례마다 판단이 다르다면 "당해 검사에게 국가배상법 제2조 제1항에서 규정하는 과실이 있다고 할 수 없다"고 봤습니다.

즉, 논쟁의 여지가 조금이라도 있는 사건에서 검사가 소극적으로 해석해 불기소 처분을 한 것에 대해 무조건 배상 책임을 지울 순 없다고 본 거죠. 항소심 재판부와 대법원 역시 이 같은 원심 판단을 받아들였고요.

하지만 당시 상해죄에 대한 불기소 처분을 놓고 검사와 의사의 사적 인연이 드러나기도 하는 등 갑론을박이 이어진 것은 다시 한번 생각해볼 부분입니다. 손해배상 소송까지 이어질 수 있는 원동력이 되었던 것도 이 같은 배경 때문이고요.

여러분은 어떻게 생각하십니까? 검사가 기소에 신중을 기해야 한다는 것은 굳이 상기할 필요도 없고, 이 사건에 국한하지 않는다면 형사 사건을 다룰 때 무조건 기소를 한다고 해서 정의가 실현되는 것도 아닐 겁니다. 다만 '대한민국은 검찰 공화국'이라는 말이 나올 정도로 검찰이 권력 집단이 된 건 바로 기소권 때문일 것입니다. 법정에선 판사가 왕이라지만, 결국 법정에 사인(私人)을 세울지 말지는 검사가 판단하는 거니까요. 검찰이 상해죄에 대해 유령수술 일당을 피고인석에 세우지 않았을 때, 꽃다운 나이에 수술대에서 생을 마감한 피해자는 물론 평생 각종 부작용에 시달리며 살아가야 하는 피해자들의 삶의 무게를 얼마나 고려했는지에 대해서는 찝찝함이 남습니다. 김선웅 대한성형외과의사회 전 회장이 확인한 유령수술 피해자만 35명인데, 처벌받은 사람은 병원장 단 1명입니다. 그것도 사기죄로 징역 1년을 살고 나왔을 뿐입니다.

제대로 수사했다면
엄마는 죽지 않았을까?

중곡동 그 집에는 엄마 사진이 한 장도 없습니다. 2012년 8월 20일 서진환은 서울 중곡동의 한 집에 침입해 30대 주부이자 두 아이의 엄마를 폭행하면서 강간을 시도했습니다. 아랫집 신고로 경찰이 현관문까지 들이닥치자 도망가려던 엄마의 목과 뒤통수 등을 흉기로 찔러 살해했습니다. 현장에는 갓 서너 살 된 두 아이가 있었습니다.

사건 이후 유족은 10년 동안 국가를 상대로 손해배상 소송에 나섰습니다. 1·2심 모두 국가기관의 미흡한 조치를 인정하면서도 배상할 정도는 아니라고 기각했는데 2022년 7월, 소송을 시작한 지 거의 10년 만에 대법원이 국가의 과실을 인정했습니다.

최종 승소한 그날에도 중곡동 그 집에서는 아무도 이 얘기를 하지 않았다고 합니다. 유족에게는 아무리 잊으려 해도 잊을 수 없는 끔찍한 기억이자 차마 입에 담을 수 없는 일이니까요.

국가의 책임 범위에 대해 우리 사법부의 시각이 10년 동안 어떻게 달라졌는지 살펴보겠습니다. 핵심은 선후관계와 인과관계의 차이입니다.

국가기관의 철저한 실패

범죄는 반복될수록 대범해진다고들 합니다. 그래서 재범 관리가 중요한 거고요. 서진환은 중곡동에서 살인 범죄를 저지르기 전 이미 범죄 전력이 있었죠. 2012년 8월 7일 서진환은 서울 중랑구에 있는 한 집에 침입해 과도로 피해자를 위협해 간음합니다.

경찰은 중랑구 범행 현장에서 서씨의 모발 등을 채취해 유전자 분석 등 기초수사에 나섰습니다. 후에 드러난 사실이지만, 서씨는 2011년 11월 대구지법 의성지원의 결정으로 전자발찌를 차고 있었습니다. 그럼에도 중랑구에서 범행을 저지른 지 보름 뒤 중곡동에서 더 잔인한 범행에 이른 거죠. 전자발찌를 찰 정도의 중범죄자가 보름 간격으로 범행에 나서는 동안 당국은 뭘 했을까요?

2013년, 유족은 검찰이 잘못 기소해 서씨가 조기 출소했고 그 바람에 범행을 저지를 수 있었다면서 손해배상 소송을 제기합니다. 서씨가 2004년 강도·강간죄로 재판받을 때 특정강력범죄의 처벌에 관한 특례법으로 가중처벌을 받았다면, 2011년이 아닌 2013년에 출소하게 됐을 테니 2012년 범행은 없었을 거라는 얘기죠.

유족은 국가기관의 '미흡한 조치'로 크게 세 가지를 꼽았습니다. 첫 번째는 서울동부지법이 서씨의 누범 사실을 빼먹고 판단해 징역 10년 대신 7년을 선고했고, 검찰이 항소를 포기했다는 점입니다. 경찰은 서씨를 '절도죄 복역 잡범'으로 잘못 관리했고, 검경의 복잡한 DNA 관리 체계 탓에 빠른 대조도 불가능했습니다.

범행 당시 인근에서 전자발찌 부착자는 서씨가 유일했지만, 수형자의 DNA는 검찰이 관리하고 구속 피의자와 현장 DNA는 경찰이 관리하기 때문에 서씨의 8월 7일 범죄 이후 즉각적인 대조가 이뤄지지 못했습니다. 만약 DNA 대조가 적시에 이뤄졌더라면 8월 20일 중곡동 살인 사건은 벌어지지 않았을 거라는 추론이죠. 유족으로서는 범죄를 단죄하는 모든 국가기관이 제 역할을 하지 못한, 사법·수사 당국의 철저한 실패로 받아들일 수밖에 없었습니다.

하지만 1심 재판부는 국가기관의 '미흡한 조치'를 인정하면서도 8월 20일 피해자 사망과의 인과관계는 부족하다고 봤습니다. 1·2심은 법관과 검사의 잘못된 판단으로 손해배상 책임이 발생하는 요건에 대해 여러 대법원 판례를 조목조목 나열하며 매우 엄격하게 해석하면서 기각합니다.

2013.12.18 서울중앙지방법원 1심 판결문

이 사건 직전 범행이 발생한 직후 수사기관은 피해자 진술을 확보하고 현장감식을 통해 DNA를 채취해 국립과학수사연구원에 감식을 의뢰한 사실, 범행 현장 발생 장소를 중심으로 현장 주변 CCTV 검색 및 녹화 기록 확보 등 기초수사를 진행한 사실, (중략) 수사기관은 이 사건 직전 범행 피해자에게 서울 중랑구 내 성폭력 우범자 중 50명의 사진을 보여줬고 이후 수사를 진행하면서 서씨를 포함한 다른 성폭력 전과자 사진을 보여줬는데 피해자가 서씨를 지목하지 못한 사실 등을 인정할 수 있다. (중략) 이 사건 형사판결 원심의 재판부와 검사, 경찰 등 수사기관의 잘못과 이 사건 범행과의 상당인과관계를 인정하기 부족하고…

1심 재판부는 위치추적 전자장치법이 시행된 뒤 사건이 발생했을 때까지 전자장치(발찌) 수신 자료를 수사에 활용한 사례는 46건에 불과하다고 덧붙였습니다. 한마디로, 수사기관은 관행에 벗어날 정도로 불성실하지 않았고 할 일은 했다는 겁니다.

모두의 과실은 누구의 과실도 아닐 수 있다

1심 선고 후 유족에게 '선택과 집중'의 순간이 찾아옵니다. 유족 측 변호인은 검사와 판사의 과실을 청구 대상에서 제외하고 경찰과 보호관찰관에게만 책임을 묻습니다. 청구 금액도 3억 1,000만 원으로 대폭 올렸습니다. 이에 대해 재심 전문 박준영 변호사는 "판·검사를 청구 대상에서 철회한 이유는 현실적으로 법리가 너무 엄격해서이기도 하고, 모두의 과실은 누구의 과실도 아닐 수 있기" 때문이라고 설명합니다. 책임을 가릴 때도 책임 주체를 특정해야 할 필요가 있다는 뜻입니다.

이번에는 승소도 조심스레 기대했다고 합니다. 하지만 항소심도 1심과 비슷한 시각을 유지했습니다. 공무원의 행위에 대해 배상 책임을 물으려면 우선 법령을 위반한 것이어야 한다고 판시했습니다. 또 인권 존중, 권력남용 금지 등의 원칙을 위반한 경우에만 배상 책임이 인정된다고 했습니다. 쉽게 말해 중곡동 사건에서 경찰이 의도적으로 부실 수사를 했다고 보기 어렵다는 것이었죠. 특히 경찰이 전자발찌 정보를 활용하지 못한 점 등 수사에 미비한 점이 있지만, 당시에는 이 같은 정보를 활용하지 않는 것이 일반적이었다고 봤습니다. 전자발찌 수신 자료를 수사에 활용한 사례가 46건에 불과했다는 1심의 논리를 받아들인 셈입니다.

2017.11.14 서울고등법원 항소심 판결문

이 사건 직전 범행 당시 관계 법령이나 경찰 내부 수사지침에 전자장치 피부착자의 위치정보 활용에 관한 명시적인 규정은 없었다. (중략) 특히 범인 특정을 위하여 가장 중요하고 과학적인 증거로 평가되는 범인의 DNA를 확보하여 감정을 의뢰하여둔 상태였으므로, 이에 더하여 보호관찰소 측에 이 사건 직전 범행 장소에 관한 전자장치 피부착자의 위치정보를 조회할 필요성이 절실하였다고 보기는 어렵다.

국가의 역할 되물은 대법원

그렇다면 대법원은 왜 직전 범죄에 대한 경찰의 미흡한 수사와 중곡동 사건 간의 인과관계를 인정했을까요? 원심 재판부는 범행 당시에는 전자발찌 위치정보를 활용한 수사가 일반적이지 않았던 환경을 고려했습니다. 반면 대법원은 전자장치부착법의 입법 취지를 우선했습니다.

2022.7.14 대법원 판결문

위치정보를 수사에 활용하여 신속하게 범인을 검거함으로써 추가적인 범죄의 발생을 막으려는 목적도 가지고 입법되었음을 알 수 있다. (중략) 성폭력 범죄의 습벽을 가진 자에 의하여 저질러진 것으로 추측되는 범죄의 수사에 이를 적극적으로 활용할 필요성이 있었다.

또 앞선 재판부가 기본 수사는 했다고 본 반면, 대법원은 "직전 범행을 수사하던 경찰관은 CCTV 녹화 자료 열람, 탐문수사 등 수사기관으로서 여느 범행에도 하여야 하는 일반적이고 기본적인 조치만 하였을 뿐 직전 범행이 내포한 국민의 생명·신체에 대한 고도의 위험성과 (이 범죄의) 특수성에 부합하는 전문적이고 신속한 조치를 하지 않았다"라고 했습니다. 또 DNA 정보를 활용하기 어려운 당시 상황을 고려하더라도 "직전 범행을 수사하는 경찰관은 DNA 정보에만 의지하지 않고 신속하게 범인을 검거할 수 있는 다른 방법도 강구했어야 했다"라고 했습니다.

기초적인 수사는 했으니 배상 대상은 아니라고 한 원심보다 기초적인 수사만 해서 재범을 막지 못한 데 초점을 맞춘 것이 대법원 판결인 셈입니다.

이뿐만이 아닙니다. 대법원은 수사 당국이 얼마나 미흡했는지 더 파고들었습니다. 서씨가 보호관찰관의 면담 과정에서 "사람을 칼로 찌르거나 성폭력을 하는 등 사고를 치고 교도소에 들어가고 싶은 마음이다"라고 말했는데도 주의를 기울이지 않은 점에 대해서도 대법원과 1·2심은 엇갈렸습니다. 2심 재판부는 보호관찰관이 상담치료를 강제할 수 없는 현실을 고려할 때 자신의 역할을 다하지 않은 것은 아니라고 본 반면, 대법원은 보다 적극적인 조치를 취했어야 한다고 결론 내렸습니다.

2017.11.14 서울고등법원 항소심 판결문

보호관찰관의 진술에 따르면 서씨와의 면담 과정에서 이 같은 반사회적 언행을 한 것은 한 번뿐이었고, 그 외에는 '출소 후 성실하게 살아가려고 하였으나 소급입법으로 전자발찌를 부착하게 되어 많은 제약이 따른다'는 취지로 하소연하는 내용이 대부분이었던 점…. (중략) 보호관찰관으로서도 명확한 위반 사유 없이 서씨의 의사에 반하여 정신치료 또는 상담치료를 받도록 강제할 수 없는 점 등을 종합적으로 고려할 때, 전담

보호관찰관이 서씨로 하여금 정신보건시설 등에서 치료나 상담치료를 받도록 하는 등의 조치를 취하지 않았다고 하여 그것이 객관적 정당성을 상실해 현저히 불합리하다고 인정하기는 어렵다.

보호관찰자에 비해 관찰관의 숫자는 턱없이 부족한 것이 현실입니다. 대면접촉 횟수가 부족하지 않다(월 3회)고 본 것도 이 같은 현실이 반영된 것으로 보입니다. 2021년 기준 보호관찰관 1명당 평균 23.1명을 관리하고 있을 만큼 여전히 현실은 열악했습니다. 그래도 대법원은 보호관찰관과 보호관찰소의 부실한 관리를 꾸짖습니다(서씨는 2004년 저지른 성폭력 범죄로 전자발찌를 부착하고 있었습니다).

2022.7.14 대법원 판결문

서씨는 재범위험성 평가 순위가 서울보호관찰소 관내 보호관찰 대상자 1,165명 중 9위에 해당할 정도로 재범의 위험성이 매우 높게 평가되었고…. (중략) 담당 보호관찰관과의 면담 과정에서 '사람을 칼로 찌르거나 성폭력을 하는 등 사고를 치고 교도소에 들어가고 싶은 마음이다'라고 말하는 등 강한 반사회적 성향을 보이기도 했다. 이처럼 재범의 위험성이 매우 높은 특성을 가지고 있는 서씨를 담당하는 보호관찰관으로서는 행동 관찰 결과 그의 강한 반사회성이 드러나고 있는 것을 포착한 상황에서 서씨가 재범으로 나아가지 않도록 잘 관찰하고 그의 특성에 맞는 실질적이고 적극적인 조치를 할 필요성이 있었다. (중략)

담당 보호관찰관이 수시의 대면접촉 등을 통하여 서씨를 지속적으로 지도·감독하였다면 서씨도 국가기관으로부터 계속 관찰을 받고 있다고 인식하여 함부로 재범으로 나아갈 마음을 가지지 않았을 가능성도 충분하다. 그런데도 원심은 피고 소속 경찰관과 보호관찰관의 직무수행이 객관적 정당성을 결여하지 않아 위법하지 않다고 판단하였다. 이러한 원심의 판단에는 국가배상법 제2조 제1항의 '법령 위반'에 관한 법리 등을 오해하여 판결에 영향을 미친 잘못이 있다.

항소심 재판부는 경찰 등의 과실로 국가배상 책임을 인정하려면, 위법성은 물론 미흡한 수사와 범행 사이에 단순한 조건 관계를 넘어 상당인과관계가 있어야 한다고 했습니다. 직전 범죄에 대한 수사가 부실했다고 해서 직후 범죄가 반드시 일어나리라는 법은 없으니, 1·2심 재판부의 판결이 논리적으로 타당해 보입니다. 서씨가 8월 20일 중곡동 30대 주부를 범행 대상으로 삼고 살해까지 하는 과정에서는 다른 원인도 수없이 있었을 테니까요.

이에 대해 박준영 변호사는 기자에게 이렇게 말했습니다. "이런 사건에 대해 국가가 책임을 지지 않으면, 국가가 범죄로부터 국민을 보호하기 위한 책임을 완전히 방기하는 것이 됩니다. 경찰이 나름대로 수사를 했다고 하더라도 범죄 예방에 가장 필요하고 적절한 수사를 하지 않았다는 것에 대해 책임이 있다고 본 것 같습니다."

서진환이 중곡동 엄마를 잔인하게 살해하는 일을 막을 수 있었던 순간들이 스쳐 지나갑니다. 서진환에게 3년 더 선고해야 했던 판사, 부당한 양형을 알아채야 했던 검사, 범행을 예고하는 듯한 발언을 한 서진환을 치료받게 해야 했던 보호관찰관, 직전 범죄를 수사했던 경찰까지. 우리 사회는 한 범죄자의 재범을 막기 위해 제법 많은 허들을 만들어뒀고 이들이 제 역할을 그렇게까지 실패한 것도 아니지만, 결국 가족은 유족이 되고 말았습니다. 결과적으로 경찰의 잘못이 가장 막중하다는 판단이 나왔지만, 국민 한 사람을 지키지 못한 것은 결국 국가의 실패라고밖에 볼 수 없겠지요.

'천인공노' 범죄자라 해도,
설령 반성하지 않더라도

천인공노할 범죄를 저지른 피고인이 법정에 섰습니다. 창문 하나 없고 적막감만 가득해 공기의 흐름마저 느껴지는 듯한 형사법정에 서면 웬만한 사람은 두려움, 아니 최소한 긴장감이라도 느낄 겁니다. 그런데 이 피고인은 전혀 그러지 않았습니다. 오히려 거드름을 부렸죠. 대낮에 성범죄를 저지르려다 사람을 살해한 최윤종의 이야기입니다.

　기자로서도 분노를 억누를 길 없었던 그날의 법정 이야기를 전해드리겠습니다. 그리고 사실상 변호에서 손을 놓은 듯했던, 그래서 재판부의 질타까지 받은 국선변호인의 이야기도 전해드립니다.

방청석 둘러보며 웃는 피고인

서울 관악구의 한 등산로에서 피해자를 살해한 최윤종은 2023년 9월 25일, 첫 공판이 열리는 법정에 섰습니다. 그는 피해자를 성폭행하려다 저항하는 피해자를 살해해 신상이 공개된 흉악범이죠.

그런데 신기한 무엇이라도 있는지 그는 법정에 들어설 때부터 이리저리 시선을 옮기며 마치 구경이라도 온 사람처럼 굽니다. 일반적으로 법정에선 피고인에게 채운 수갑을 풀어줍니다. 하지만 이날 교도관들은 돌발 행동을 우려해 최윤종에 대한 수갑 착용을 요구했고 재판부도 허용했습니다.

첫 공판이니만큼 재판부는 최윤종에게 국민참여재판으로 진행할 의사가 있는지 묻습니다. 최윤종의 장난스러운 태도는 이때부터 시작됩니다.

2023.9.25 서울중앙지법 형사합의26부, 강간 등 살인 혐의 최윤종 공판 기일 중

재판부 —— 피고인, 국민참여재판은 국민이 배심원이 돼 유·무죄 판단에 대해서 의견을 듣고 진행하는 것입니다. 미디어 등을 통해 국민참여재판을 접해본 적 있나요?

피고인 —— 없어요.

재판부 —— 미국식으로 배심제를 사용하는 것인데, 동일한 것은 아닙니다. 국민참여재판에 의해서 재판을 진행하고자 하는 의사가 있습니까?

피고인 —— 네?

재판부 —— 국민참여재판으로 해서 판사 3명이 아닌, 저희가 배심원의 의견을 들어서 진행하는 것인데 의사가 있습니까?

피고인 —— (의자에 등을 기댄 채) 없어요.

재판부 —— 진지하게 고민하고 답하고 있는 것인가요? 이 시점 아니면 더 이상 국민참여재판 신청권이 없습니다. 안 하겠습니까?

피고인 —— 그거 하면 좋은가요?

재판부 —— 변호인하고 상의해보겠습니까?

피고인 —— 아, 그냥 안 할게요.

재판부의 말은 무거웠지만, 최윤종의 답은 한없이 가벼웠죠. 이런 상황은 이번이 끝이 아니었습니다. 최윤종은 재판 내내 의자에 등을 기대고 엉덩이는 쭉 뺀 상태로 방청석을 둘러보기도 했습니다. 중간중간 피식거리며 웃기도 했죠.

이제 검사가 공소사실을 읽어 내려갑니다. 검사는 최윤종이 이미 범행 수개월 전인 2023년 4월에 범행 도구인 너클을 구매했고 평소 범행 장소를 물색했다며 계획 범죄란 점을 강조합니

다. 피해자를 가격하고 성범죄를 저지르려고 했지만, 피해자가
강하게 저항하자 체중을 실어 숨을 못 쉬게 해 살해했다는 것이
검찰의 판단입니다.

재판부 —— 피고인, 공소장 읽어봤습니까?

피고인 —— 읽어봤습니다.

재판부 —— 변호인 의견은 어떤가요?

변호인 —— 인정합니다.

재판부 —— 인정 취지입니까?

변호인 —— 네.

재판부 —— 접견해서 의사 확인했죠? 피고인도 읽어봤죠?

피고인 —— 뭐, 세부적으로는…. 전체적으로는 맞습니다.

재판부 —— 어떤 부분이 다른지 특정할 수 있습니까?

피고인 —— '확실히 살해할 마음'이 좀 걸립니다.

재판부 —— 살해할 마음을 먹었다는 부분이요?

피고인 —— 마음을 먹었냐고요? 없었는데 저항이 강해서 일이
커진 것 같아요.

재판부 —— 그게 무슨 얘기입니까?

피고인 —— 기절만 시키려고 했어요. 피해자가 저항이 세서.

재판부 —— 저항이 심하니 저항을 억누르려고 기절시킬 의도만
있었다는 말인가요?

피고인 —— 그러려고 했는데 피해가 커진 것 같아요.

피해자의 저항이 강해서 일이 커진 것 같다는 최윤종의 궤변에 법정은 싸늘해집니다. 재판부도 그게 무슨 말이냐고 되물었죠. 최윤종의 속마음을 알 도리는 없지만, 태도나 말투에서 '반성하고 있다'는 느낌은 전혀 드러나지 않았습니다.

말 없는 국선변호인

이날 법정에서 주목할 또 하나의 장면은 최윤종의 변호를 맡은 국선변호인의 행동이었습니다. 앞에서도 봤지만, 이날 법정에선 거의 최윤종이 발언을 이어갔습니다. 국선변호인은 너무나 조용했고, 마치 변론에 손을 놓은 듯했죠. 게다가 이해하기 어려운 행동까지 합니다.

재판부 —— 변호인 의견은 어떻습니까?

변호인 —— (최윤종과) 같습니다.

재판부 —— 피고인 의견과 같나요?

변호인 —— 네.

재판부 —— 상의한 바는 있습니까?

변호인 —— 아뇨.

재판부 —— 접견은 가셨죠?

변호인 —— 아뇨.

재판부 —— 왜 안 가셨죠?

변호인 —— 구속영장 청구 때 (접견을) 했고….

재판부 —— 구속영장 심문 때는 굉장히 짧게 했잖아요? 그럼 피
고인과 영장 심문 이후 따로 논의한 바는 없습니까?

변호인 —— 네.

재판부 —— 납득이 안 가네요? 연락은 했습니까?

변호인 —— 안 했습니다.

재판부 —— 안 하신 이유가 무엇인가요?

변호인 —— 검찰이 증거를 제출하면 이후에….

재판부 —— 무슨 취지죠? 1회 공판 기일 이전에 보통 연락하잖
아요? 일단 사건 경중을 떠나서 변호인은 변호인 업무를 하시
는 것인데, 제가 알고 있던 변호인들 1회 공판 기일 전 업무와
는 조금 차이가 있는 것 같습니다.

최윤종의 변호를 맡았지만 그가 구속된 이후에 접견도, 연락
도 따로 안 했다는 겁니다. 마땅한 이유도 없었습니다. 최윤종과
소통이 없었던 변호인은 이날 재판부가 증거 신청에 대한 의견
을 줄 수 있겠냐는 물음에는 또 '하겠다'고 대답합니다. 증거 신

청은 재판에서 어떤 증거는 인정하고 어떤 증거는 배척할지 정하는 매우 중요한 절차인데, 변호인은 즉석에서 자료를 보며 최윤종과 대화를 나눕니다. 이를 지켜보던 재판부는 중단을 지시합니다.

재판부 ⎯ 그러면 증거 신청받으면 증거의견을 주기도 어렵겠네요?

변호인 ⎯ 아닙니다. 하겠습니다.

(이후 최윤종과 즉석에서 대화)

재판부 ⎯ 변호인, 이 사건은 법정형이 사형 또는 무기징역입니다. 알고 계시죠? 지금 이 사건의 중요성, 엄중함 이런 것을 고려하면 피고인의 방어권이 충분하게 보장될 필요가 있습니다. 변호인은 최종적으로 증거의견을 주기 전에 증거를 열람해야 합니다. 변호인이 피고인 접견도 해야 합니다. 법률적 쟁점, 핵심적 쟁점이 무엇인지 살펴야 하는데 변호인이 하지 않은 걸로 들려요. 1회 공판 기일 전에 충분히 소통해야 하는데 그런 점이 이행되지 않은 것으로 보입니다.

변호인은 오늘 증거의견 다 동의한다고 말하고 주실 수도 있겠죠. 근데 변호인도 따로 연락하지 않고 목록만 보면서 피고인에게 이야기하는데, 이건 적절한 변론이 아닙니다. 오늘 증거의견 듣는 것은 보류하겠습니다.

'국가가 변호인을 붙인다'는 의미

결국 이날 재판은 이렇게 끝났습니다. 그리고 며칠 뒤, 재판부는 직권으로 해당 국선변호인 선임을 취소합니다. 쉽게 말해 해당 국선변호인을 자르고 다른 국선변호인으로 교체한 것이죠.

물론 흉악 범죄 피고인을 변호하는 것은 참으로 쉽지 않을 겁니다. 감정적·금전적으로 도움이 되지 않음은 물론, 싸늘함을 넘어서 변호인을 향한 대중의 분노를 온전히 감당해야 할 테니까요. 거칠게 말해 표면적으로는 돈도 안 되고 욕만 먹는 일입니다. 그래서 이런 흉악 범죄 사건 상당수는 국선변호인에게 배당됩니다.

우리나라 헌법은 변호인 선임을 무척 중요하게 여깁니다. 헌법 제12조 제4항은 "누구든지 체포 또는 구속을 당한 때에는 즉시 변호인의 조력을 받을 권리를 가진다. 다만, 형사피의자 스스로 변호인을 구할 수 없을 때에는 법률이 정하는 바에 의하여 국가가 변호인을 붙인다"라고 규정하고 있습니다. 변호인을 못 구하는 피고인에 대해선 국가가 변호인을 '붙일 수 있다'가 아니라 '붙인다'라고 명시한, 이 단호한 문장에서 느껴지는 그 막중한 업무를 국선변호인들이 수행하고 있는 겁니다.

최윤종의 행동에 분노가 치밀어 오르는 건 당연하겠지만, 그렇다고 재판부의 지적을 받은 국선변호인의 행동도 정당한 것은 아닙니다. 사건의 실체적 진실, 합당한 처벌을 위해 시작된 이날 재판은 변호인이 자신에게 주어진 신성한 직무에서 손을 놓은 결과, 예정된 절차를 밟지 못하고 지연됐으니 말이죠.

33년 만에 이춘재가 진범으로 드러난 '화성 연쇄살인' 사건에서 당시 누명을 쓰고 20년간 옥살이를 한 윤성여 씨는 재판 과정에서 국선변호인이 선임됐지만, 1심부터 최종심까지 국선변호인들의 얼굴을 한 번도 못 봤다고 말합니다. 국선변호인이 손을 놓았을 때 벌어질 수 있는 또 하나의 참혹한 일입니다. 흉악범들의 변론을 맡는 일이 죄악시되는 사회가 된다면 억울한 피해자가 발생할 가능성도 그만큼 커질 수 있습니다.

최윤종은 1심과 2심 재판에서 모두 무기징역이 선고됐습니다. 그리고 대법원의 판단을 받겠다며 상고했지만, 대법원은 2024년 8월 무기징역을 확정했습니다.

흉악 범죄 변호는
죄악인가

2022년 3월 28일, 서울중앙지방법원 418호 법정은 재판 내내 무거운 공기와 피해자 가족들의 울분 섞인 목소리만이 가득했습니다. 헤어진 전 연인을 1년 가까이 스토킹하다가 끝내 서울까지 따라 올라와 무참하게 살해한 김병찬에 대한 두 번째 공판이 열린 날이었습니다.

칼에 맞선 한 맺힌 부모의 호소문

이날 재판에선 숨진 여성의 부모가 '양형 증인'으로 나섰습니다.

아버지는 주체할 수 없는 분노를 매우 힘겹게 버티는 모습이 역력했고, 어머니는 재판 내내 김병찬에 대한 증오와 분노를 표출했습니다.

재판부는 신문에 앞서 피해 부모에게 "김병찬이 있는 자리에서 하시겠는가? 비대면으로 해도 피고인이 (부모의) 말을 들을 수 있는데 그래도 김병찬 앞에서 하시겠는가?"라고 물었습니다. 자기 딸을 죽인 흉악범 앞에 서게 된 부모, 재판 내내 힘겨워하던 부모를 배려하는 차원의 질문이었죠. 부모는 단칼에 거절했습니다. 어머니는 "앞에서 하겠다. 김병찬이 반드시 직접 들어야 한다"라고 말했습니다. 사실 부모는 김병찬의 얼굴을 이날 처음 봤습니다. 고향을 떠나 상경해 일하던 피해자는 부모에게 차마 김병찬에 대한 이야기를 털어놓지 못한 것으로 보입니다.

증인석에 선 아버지는 생각보다 담담하게 신문에 나섰습니다. 검사의 질문에 차분한 목소리로 답을 이어가던 아버지는 "재판장님, 제가 좀 적어 왔는데, 꺼내서 읽어도 되겠습니까?"라며 재킷 속에서 흰 종이를 꺼내 들었습니다. 김병찬에 대한 엄벌을 요구하는 호소문이었습니다. 아버지는 차분하게 읽어 내려갔지만 금세 눈물을 터뜨립니다.

재판장님, 지난 3월 ○○일은 제 딸 ○○의 34번째 생일이었습니다. 그날 ○○의 유골을 뿌린 할아버지, 할머니 산소에 가서 엄마, 아빠가 미안하다고만 했습니다. 저 살인마에게 똑같은 범죄로 되갚아 줄 수는 없지만, 평생을 감옥에서 참회하며 살게 해주겠다고 약속했습니다.

저 살인마는 칼을 준비했고, 저희가 준비한 것은 이 종이 쪼가리에 불과합니다. 하지만 한 맺히게 토해낸 한 글자 한 글자가 칼보다 더 무섭다는 것을 알게 해주시길 바랍니다. 저희 딸에게 큰 위로가 되길 바랍니다.

아버지에 이어 증인으로 나선 어머니는 처음부터 자신의 감정에 솔직했습니다. 목소리엔 분노가 가득했고, 두 뺨엔 연신 눈물이 흘렀습니다.

자식을 앞세운 부모는 피눈물이 흐릅니다. 봄이 왔지만 제 아이는 꽃도 피우지 못했고 세상에 없습니다. 딸이 세상을 떠난 지금, 가끔씩 중매가 들어오면 너무 슬퍼집니다. 너무 억울하고 분하고 슬퍼 종교에 매달려도 보고 좋은 말씀도 들어봤지만 슬픔이 가시질 않습니다. 자식은 가슴에 묻는다고 말하지만 가슴에도 묻히지 않습니다. 내 딸 ○○야, 엄마 아빠가 슬퍼서 울면 혹여나 네가 좋은 곳에 가지 못할까 봐 마음 놓고 울지도 못한다. 내 딸 ○○야, 엄마 딸이어서 고맙다.

방청석에서 부모의 호소문을 듣고 있던 친척들은 오열했고, 누군가는 두 손을 꼭 모으고 피해자의 명복을 비는 듯 연신 기도를 이어갔습니다. 부모의 호소문을 차분히 듣고 있던 재판부도 결국 눈물을 흘렸습니다.

흉악범 변호인에게 쏟아진 분노

유가족들의 분노는 잔인한 살인범에게만 국한되지 않았습니다. 김병찬은 당시 로펌 한 곳에서 총 12명의 변호사를 선임한 상태였습니다. 모두가 힘들어했던 이날 공판에서 김병찬 변호인의 얼굴에도 고뇌가 엿보였습니다. 부모가 호소문을 읽어 내려가는 내내 고개를 숙인 채 생각에 잠긴 듯한 모습이었습니다.

하지만 김병찬에 대한 변호는 여타 다른 형사 사건과 다를 바 없이 신행됐습니다. 앞서 1차 공판에서 '피해자를 스토킹한 사정은 있지만, 살해 계획을 세우지는 않았다'라며 계획 범죄가 아닌 우발적 범행을 주장한 김병찬 측은 이날 재판에서도 같은 전

략을 세우고 나왔습니다.

재판부 —— 협박 사실은 인정하지만 위험한 흉기를 휴대한 것은 부인하고, 감금 사실도 없었다는 것인가요?

변호인 —— 피해자 동의하에 찾아갔고, 공소장에도 사실관계가 없습니다.

피해자 어머니 —— 피해자가 죽었다고 막 씨불입니까?

재판부 —— 동의하에 간 것이고 감금 사실을 부인한다는 것인가요?

변호인 —— 네.

재판부 —— 협박도 고의가 없었다는 건가요?

변호인 —— 네. 피고인이 죽이고 싶다고 말하고 경찰에 신고하라고 말한 것은 인정하지만, 고의는 없었습니다.

김병찬 측은 정신 감정도 신청한 상태입니다. 김병찬이 가정사 때문에 비이성적으로 행동할 때가 많다는 취지인데, 이 또한 결국 양형에 참작되길 바라서입니다.

변호인의 변론을 듣던 피해자 부모는 결국 폭발합니다.

피해자 아버지 —— 변호사님은 제 딸이 어떻게 죽어갔는지 잘 알고 있을 겁니다. 온몸을 칼에 찔리고도 누구의 도움도 없이 죽었습니다. 그런데 저 살인마는 열댓 명의 변호사의 도움을 받으면서 형을 낮추려 하고 있습니다. 부모의 가슴에 못을 박는 변호까지 해야 합니까? 정신이 온전치 않은 사람이 어떻게 범행을 이렇게 치밀하게 준비합니까?

사형을 면하려는 술수에 지나치지 않습니다. 만약 변호사의 적극적 도움으로 사형이 아닌 무기징역을 선고받거나 이후 출소해서 우리 가족을 또 죽이면 그것은 온전히 변호사님의 책임이라고 단정 짓겠습니다.

흉악범의 이익을 위해 일하는 변호사의 존재는 늘 우리 사회의 딜레마였습니다. '어떻게 저런 자를 변호할 수 있나'라는 원초적 분노와 '어떤 흉악범이라도 변호인의 조력을 받을 수 있다'라는 헌법정신이 충돌하는 지점입니다. 원초적 분노는 변호인이 마땅히 받아야 할 수임료와 연결되며, 이 때문에 더욱 증폭되기도 합니다. 인천 초등학생 유기 살인 사건과 '어금니 아빠' 이영학 사건 때는 분노한 여론 때문에 일부 변호인이 사임하기도 했습니다.

앞서 본 우리나라 헌법 제12조 제4항에 따르면, '변호인의 조력을 받을 권리'에 대한 헌법의 어조는 부척 단호합니다. '누구든지', '즉시'라는 말은 법조문에 쉽게 등장하는 단어가 아닙니다. 심지어 피의자가 변호인을 구할 수 있는 형편이 아니라면

'국가가 변호인을 붙인다'라고 강제합니다. 헌법이 이처럼 강조하는 이유는 단순합니다. 무엇보다 누명을 쓴 피의자가 나와서는 안 되기 때문입니다. 형사 사건에서 억울한 누명을 쓴 피의자는 얼마든지 나올 수 있습니다. 설혹 유죄가 맞다고 하더라도 범죄의 경중에 걸맞은 처벌을 받을 권리는 변호사의 조력과 연관돼 있습니다.

노원구 세 모녀 살인 사건과 강북구 경비원 갑질·폭행 사건, 이영학 사건 등 사회적으로 큰 논란이 된 사건의 변호를 도맡았던 신철규 변호사는 '피해자들의 분노는 당연하지만, 세상의 비난을 받는 피고인들도 사정이 있을 수 있다'며 '실제로 사건을 파고들어 가면 정상참작해야 할 부분이 분명히 있는 경우도 있다'라고 말합니다. 세상의 비난을 받는 피고인 입장에선 더 큰 비난을 받을까 봐 차마 할 수 없는 얘기가 있을 수도 있다는 설명입니다. 그는 "변호인의 조력을 받는 것은 헌법상 권리이고, 아무리 비난을 받아도 대변을 해줘야 하는 것이 변호사의 의무"라고 강조합니다.

법의 이상과 현실

하지만 법의 이상은 법전 안에서만 완벽할 뿐입니다. 헌법의 취지가 아무리 이상적이고 합리적이라 해도 딸의 참혹한 시신을 목격한 부모들에게 '살인마'의 이익을 대변하는 변호인들을 이해해야 한다고 조언하기란 쉽지 않은 일입니다.

문제는 당사자들이 아닌 주변의 시선입니다. 신 변호사의 말대로 피해자와 가족들의 분노는 당연하다 쳐도 제3자들까지 피의자 변호인들을 '조리돌림'할 권리가 있는지 의문입니다. 이것은 단순히 마음에 들지 않는 변호사들에 대한 비난 차원의 문제가 아닙니다. 변호사들에 대한 여론재판이 당연하게 여겨지고 흉악범들의 변론을 맡는 일이 죄악시되는 사회가 된다면, 억울한 피해자가 발생할 가능성도 그만큼 커지는 악순환에 빠지게 됩니다. 헌법의 이상은 김병찬을 위한 것이 아니라 화성 연쇄살인 사건 때처럼 억울한 누명을 쓸 수도 있는 '미래의 피해자'들을 위한 것임을 기억할 필요가 있습니다.

김병찬의 공판이 있던 날, 기자는 재판이 끝난 후 우연히 김병찬 측 변호인과 함께 승강기를 타게 됐습니다. 그는 아무 말이 없었고, 시종 굳은 표정이었습니다. 그의 지인으로 보이는 한 사람이 그에게 "수고했어"라며 어깨를 다독였지만 그는 끝내 침묵을 지켰습니다.

김병찬은 대법원에서 징역 40년이 확정돼 현재 수감 중입니다.

만장일치로 통과한 법,
만장일치로 위헌 결정

N번방 사건을 기억하십니까? 조주빈 일당이 피해자들을 꾀어내 개인정보를 털고 신체 노출 사진을 찍게 한 뒤, 이를 주변에 알리겠다고 협박해 성 착취물을 자발적으로 제작하게 하고, 이를 텔레그램을 통해 고가로 판매한 사건입니다. 피해자에게 자학·고문·성매매를 강요해 만들어진 촬영물을 파는 텔레그램 대화방을 '노예방'이라고 했는데요. 이런 방을 2019년 조주빈 일당 중 문형욱과 안승진이 1번방부터 8번방까지 8개의 방, 일명 N번방을 운영했죠. 피해 대상은 초등학생부터 성인까지 다양했습니다.

당연히 전 국민적 공분이 일었고, 2020년 총선과 겹치면서 국회의원들은 여야 할 것 없이 N번방 관련 법을 발의했죠. 의원들과 시민 단체가 무더기 기자회견을 열기도 했습니다. 그리고 여야는 총선 직후인 4월 29일 약속대로 본회의 가결 전날과 당일 법제사법위원회 소위원회 회의를 열고 '텔레그램 N번방 사건 방지법'으로 불리는 성폭력범죄의 처벌 등에 관한 특례법, 형법, 범죄수익 은닉의 규제 및 처벌 등에 관한 일부 법률 개정안을 부랴부랴 통과시켰습니다.

보기 드물게 재석의원 전원 찬성으로 통과된 'N번방법', 하지만 약 3년 만에 위헌 딱지를 받고 말았습니다. 헌재 재판관 전원이 이 개정안에 대해 헌법에 어긋난다는 판단을 했습니다. 만장일치로 국회 문턱을 넘을 만큼 이견이 없었던 법안이 만장일치로 위헌 결정을 받은 건데, 당시 국회에서 무엇을 놓쳤는지 살펴보겠습니다.

왜 위헌인가

개정안의 핵심은 불법 성적 촬영물을 소지·구입·저장 또는 시청한 사람을 3년 이하 징역이나 3,000만 원 이하 벌금에 처할 수 있도록 한 것입니다. 단순히 소지하고만 있어도 처벌 대상이 되는 아주 강력한 법입니다. 법정 최저형을 5년 이상에서 7년 이상으로 상향 조정한 제3조 제1항이 문제가 됐습니다.

성폭력 범죄의 처벌 등에 관한 특례법 일부개정법률안(대안) 중

개정 전: 제3조(특수강도강간 등) ① 「형법」 제319조 제1항(주거침입), 제330조(야간주거침입절도), 제331조(특수절도) 또는 제342조(미수범. 다만, 제330조 및 제331조의 미수범으로 한정한다)의 죄를 범한 사람이 같은 법 제297조(강간), 제297조의2(유사강간), 제298조(강제추행) 및 제299조(준강간, 준강제추행)의 죄를 범한 경우에는 무기징역 또는 5년 이상의 징역에 처한다.

개정 후: 제3조(특수강도강간 등) ① 「형법」 제319조 제1항(주거침입), 제330조(야간주거침입절도), 제331조(특수절도) 또는 제342조(미수범. 다만, 제330조 및 제331조의 미수범으로 한정한다)의 죄를 범한 사람이 같은 법 제297조(강간), 제297조의2(유사강간), 제298조(강제추행) 및 제299조(준강간, 준강제추행)의 죄를 범한 경우에는 무기징역 또는 7년 이상의 징역에 처한다.

헌재는 "주거침입의 기회에 행해진 강제추행·준강제추행의 경우 정상을 참작해 감경하더라도 집행유예를 선고할 수 없도록 했다"라며 "법정형의 하한을 일률적으로 높게 책정해 경미한 강제추행·준강제추행까지 엄하게 처벌하는 것은 책임주의에 반한다"라고 위헌 결정을 했죠.

이 조항에 따르면 형법상 주거침입의 죄를 저지른 사람이 강제추행, 준강제추행 등의 죄까지 범하면 절반으로 형을 낮추더라도 일단 징역 3년 6개월을 선고받게 됩니다(집행유예 선고 기준은 징역 3년 이하임). 물론 '집에 쳐들어와서 성범죄를 저지른 사람에게 3년 6개월 실형은 선고할 수 있어야 하는 것 아니냐'고 생각하는 사람도 많겠지요. 이에 대한 헌재의 설명을 보시죠.

2023.2.23 성폭법상 주거침입강제추행·준강제추행죄 사건 헌법재판소 선고 중

재판부 —— 형법상 주거침입죄에 해당하는 경우는 일상적 숙식의 공간인 좁은 의미의 주거에 대한 침입에 한정되지 않으며, 행위자가 침입한 공간이 일반적으로는 개방되어 있는 건조물이지만 관리자의 묵시적 의사에 반하여 들어간 경우도 포함되는 등 그 행위 유형의 범위가 넓다. (중략)
'추행 행위'에는 '강간·준강간' 및 '유사강간·준유사강간'에 해당하는 행위는 포함되지 않으며, 유형력 행사의 대소강약이 문제 되지 않는 '기습추행'이 포함되는 등 그 행위 유형이 다양하다. (중략)

이에 따라 주거침입의 기회에 행해진 강제추행 또는 준강제추행의 불법과 책임의 정도가 아무리 경미한 경우라고 하더라도, 다른 법률상 감경사유가 없으면 일률적으로 징역 3년 6개월 이상의 중형에 처할 수밖에 없게 되어, 형벌개별화의 가능성이 극도로 제한된다.

아파트 로비에서 일어난 경미한 성추행을 가볍게 처벌해야 한다는 말은 결코 아닙니다. 다만 개정안에 따르면 사람들이 통상 생각하는 것처럼 '집'에 강제로 들어와 강간·준강간을 저지른 사람뿐만이 아니라 이보다 덜 못된 사람들도 무조건 실형을 받게 된다는 겁니다. 법정형의 상한을 높게 규정한 탓에 죄질이 아주 나쁜 자, 보통 나쁜 자, 덜 나쁜 자 간에 차이를 둘 수 없게 되고 이는 '책임주의에 반한다'는 것이 헌재의 설명입니다.

입법 과정에서 저지른 실수는?

그렇다면 국회의원들이 저지른 실수는 무엇일까요? 그리고 법안 통과까지 몇 단계가 있는데 왜 아무도 법적 오류를 인지하지 못한 걸까요?

이선애 재판관의 별개의견을 보면 국회가 여론에 떠밀려 말

그대로 '번갯불에 콩 구워 먹듯' 법안을 찍어냈다는 사실을 엿볼 수 있습니다. 전원 일치 의견으로 위헌이 선고됐음에도 별개의견을 낸 것은 이례적인 것으로, 이 재판관이 얼마나 답답해했는지를 알 수 있을 것 같습니다.

2023.2.23 이선애 재판관 별개의견 중

입법 과정 측면에서는 국회법 등 법령이 정한 절차에 따른 다양한 의견의 수렴 및 해당 범죄의 법정형을 규정한 법률안에 대한 축조심사를 포함하는 토론과 의결에 의하여 이루어진다. 국회가 적법한 절차에 따라 제·개정한 법률조항에 규정된 법정형은 특별한 사정이 없는 한 이러한 입법재량을 적정하게 행사한 결과로 추정된다. (중략)

입법 과정에 관해서는 국회의 회의록 등 공개된 입법 자료와 사실조회 결과를 통하여 볼 때, 성폭력처벌법 제3조 제2항의 '특수강도강간죄'와 혼동한 나머지 실제 심의 대상이 되는 같은 조 제1항의 '주거침입강제추행·준강제추행죄'에 대한 심의는 하지 않은 채, 그 법정형을 상향하도록 의결하였다는 사정이 확인된다. 즉, 심판 대상 조항의 입법 과정에는 '주거침입강제추행·준강제추행죄'에 대하여 그 '법정형의 하한을 징역 5년에서 징역 7년으로 상향하는 법률안의 내용'에 대한 의견

수렴과 명시적인 문제 제기가 있었음에도, 죄질이 다른 성폭력 범죄와의 혼동으로 인하여 그에 대한 국회의원들의 토론에 의한 심의가 누락된 채 의결되었다는 오류가 존재한다. (중략) 합리적 이유 없이 같은 것을 다르게 취급하거나 다른 것을 같게 취급하는 것이므로, 형벌 체계의 균형을 현저히 상실하여 평등 원칙에 위배된다.

이 재판관은 입법 과정 중 하나로 축조심사를 언급했습니다. 축조심사란 해당 상임위 소속 국회의원들이 법률안 조항을 하나하나 낭독하며 심사하는 방식인데요. 위원회 심의에서는 생략할 수 있지만, 소위 단계에서는 원칙적으로 반드시 거쳐야 합니다. '적법한 입법 절차'라고 하려면 소위 위원들끼리 조항을 하나하나 소리 내 읽어가면서 논의해야 한다는 거죠. 상당한 시간이 소요되는 과정인데, 문제는 이 개정안이 아주 급하게 통과됐다는 겁니다. 앞서 말씀드렸듯이 가결 전날과 당일까지 소위 회의를 했으니까요. 당시 법사위 소위 회의록을 보면 N번방 사건 국면에서 논의의 초점은 불법 촬영물 제작과 소지, 법정형 상향, 미성년자 대상 성범죄 등에 맞춰져 있습니다. 문제의 제3조 제1항에 대해서는 별다른 논의가 이뤄지지 않았던 것으로 보입니다.

법사위 전문위원 —— 성폭력 범죄 법정형 상향과 관련된 부분입니다. 이 부분에 대해서는 개정안의 입법 취지와 헌법재판소 결정 취지를 감안하여 적정한 법정형을 정할 필요가 있다는 의견입니다.

법사위 소위원장 —— 법무부 의견 말씀해주시기 바랍니다.

법무부 차관 —— 13세 미만에 대한 강간은 법무부는 현행 유지 의견입니다.

(중략)

법사위 소위원장 —— 그러면 이것도 좀 더 검토하는 것으로 하겠습니다. 좀 더 조정해보고요. 다음 부분 보시죠. 특수강도강간·특수강간이 현행 무기, 5년 이상인데 이걸 7년 이상으로 올리자, 특수강제추행도 3년인데 5년 이상으로 올리자 이렇게 돼 있거든요. 차관님 어떻습니까?

법무부 차관 —— 저희는 박인숙 의원님 안에 동의합니다.

법사위 소위원장 —— 올리는 것에?

법무부 차관 —— 네.

법사위 소위원장 —— 차장님 의견은 어떻습니까?

법원행정처 차장 —— 저희는 현행 유지 의견입니다.

법사위 소위원장 —— 그러니까 다른 법하고, 다른 죄하고 관계가 있지요, 그렇지요? 지금 7년 이상 되는 게 뭐가 있나요?

법사위 소위원장 —— 13세 미만에 대한 유사강간이 7년 이상이고요.

앞서 살펴봤듯이 제3조 제1항에는 특수강도강간죄부터 주거침입까지 다양한 종류의 범죄가 포함돼 있습니다. 이를 5년 이상으로 단죄할 때는 죄질에 따라 법관이 실형을 선고할 수도 있고 집행유예를 선고할 수 있죠. 양형에 대해 논의하긴 했지만 급하게 논의하다 보니 특수강간에 초점이 맞춰졌고, 형량을 7년 이상으로 높이면서 문제가 생긴 겁니다.

조주빈의 경악할 범죄에 전 국민적 분노가 일었고, 20만 명이 넘는 사람이 청와대 국민청원에 엄벌을 요구하던 때였습니다. 20만 명 이상 청원만 9건에 달했죠. 사법부와 달리 국회는 국민적 요구에 훨씬 민감하게 반응하는 곳이고, 국민 개개인과의 소통도 활발하게 이뤄지는 곳입니다. 여야 지도부 역시 'N번방법'의 빠른 통과를 법사위 위원들에게 주문했고요. 이런 정치적 압력만이 아니라, 설상가상으로 당시 법사위 입법 조사관이 건강 문제로 해당 논의가 이뤄지던 때 자리를 비웠다고 합니다.

국회사무처가 당시 상황에 대해 헌재에 제출한 답변서를 보면, 국회는 "대상 범죄의 법정형 상향에 관한 기타 검토 자료는 없다"라고 했습니다. 헌재는 또 '양형위원회의 연간보고서를 입법 과정에 활용하느냐'고 국회에 물었는데, 국회의 답은 이랬습니다.

성폭력 특례법 위헌제청에 대한 국회사무처의 사실조회 답변서 중

국회 관계 법규는 법안 심사 시 양형위원회의 연간보고서 활
용에 대한 구체적인 절차를 별도로 규정하고 있지 않습니다.
다만, 국회가 법률안을 심사하면서 관계 기관인 법원행정처의
의견을 청취하는 중에 양형위원회 보고서가 참고될 수 있습니
다. 구체적으로 대상 범죄의 법정형 상향에 대해 양형위원회의
연간보고서가 명시적으로 언급되지 않았습니다.

– 더불어민주당 오영환 의원실

양형위 연간보고서엔 각 범죄에 대한 적정 형량을 명시한 법
원 측 의견이 포함돼 있습니다. 당시 법사위 소위 위원 대부분이
법조인 출신으로 '법을 아는 분들'이었지만, 양형위 자료를 참고
했다면 위헌 결정이 나오는 일은 없지 않았을까요? 적어도 개정
안 초안을 소리 높여 읽기만 했더라도 뭔가 잘못됐다는 점을 알
아채지 않았을까요?

당시 소위 회의록을 보면 성범죄자에 대한 솜방망이 처벌을
개선하고자 하는 국회의원들의 열의가 느껴지기도 합니다. 다만
서두른 입법이었고 그 과정에서 평등·비례의 원칙이라는 대원

칙이 간과된 거죠.

　이 점에 대해 당시 관계자들 대부분 '총선 직후였던 데다 빨리 개정하라는 사회적 분위기에 휩쓸린 잘못이 있다'라고 반성하는 모습이었습니다. 국회는 사건이 터질 때마다 '○○○법'을 발의하고 상임위 통과까지 일사천리로 진행합니다. 국민의 요구에 재빠르게 응답한 건 칭찬받을 일이지만, 이렇게 통과된 법이 몇 년 뒤 헌재에서 뒤집힌다면 이만큼 소모적인 일이 또 있을까요? "형벌 체계의 균형을 상실했다"는 헌재의 일갈과 더불어 '악마는 디테일에 있다'는 말을, 국회가 앞으로는 꼭 좀 기억했으면 좋겠습니다.

'한정위헌' 싸움에
'등 터지는' 국민

마지막으로 살펴볼 사건은 대법원과 헌법재판소의 '한정위헌' 갈등입니다. 사실 한정위헌을 둘러싼 갈등은 최근 '갑자기 툭 튀어나온' 문제가 아닙니다. 내용이 어렵다 보니 대중적 관심을 끌지 못했을 뿐, 한정위헌을 둘러싼 대법원과 헌법재판소의 갈등은 1990년대부터 지금까지 계속 진행 중인 두 기관의 '파워 게임'입니다.

도대체 한정위헌 갈등이 무엇인지, 그리고 독특한 우리나라 사법 구조 체계에서 수십 년간 이어진 갈등을 왜 입법자들은 방치하고 있는 것인지 들여다보겠습니다.

대법원 판결 취소한 헌법재판소

2022년 6월 30일, 헌법재판소는 재판관 전원 의견으로 하나의 대법원 판결을 취소합니다. 우리나라 최고법원으로서, 모든 재판에서 최종 판단을 내리는 대법원의 판결을 헌재가 취소한 겁니다. 헌재 결정의 근거가 바로 논란의 중심에 있는 '한정위헌'입니다.

통상 헌재는 어떤 법률이 헌법에 위배되는지 아닌지를 판단합니다. 헌재가 어떤 법률이 헌법에 위배됐다고 판정을 내리면 해당 법률은 효력을 상실하게 되고, 국회는 해당 법을 바꿔야 합니다. 최근 헌재가 위헌 판정을 내린 '윤창호법' 등이 그 예입니다.

'한정위헌'은 다소 다릅니다. 법률은 놔두는 대신 '이렇게 해석하거나 적용하면 위헌이다'라고 판단하는 것이 한정위헌입니다. 헌재는 이를 근거로 법원의 판결을 취소하고 있습니다. 쉽게 말해 법률 해석 과정에서 위헌 요소가 발생했으니, 해당 재판도 취소돼야 한다는 겁니다. 최근 논란이 된 사례를 살펴보겠습니다.

2003년 제주도 통합영향평가심의위원회 위원에 위촉된 A씨는 평가 과정에서 억대의 금품을 받은 혐의로 재판에 넘겨져 유죄가 확정됐습니다. 그러자 2011년 헌법소원을 냈습니다. 자신에게 적용된 형법 제129조 제1항은 뇌물을 받거나 요구한 '공무원'을 처벌한다고 규정하고 있는데, 자신은 공무원이 아닌 위촉위원이므로 처벌 대상이 아니라는 겁니다.

2012년, 헌재는 A씨의 손을 들어줍니다. "형법 제129조 제1항에 있는 공무원 부분에 위촉위원이 포함되는 것으로 해석하면 헌법에 위배된다"라고 한정위헌 결정을 내린 겁니다. 해당 법률에 있는 공무원을 잘못 해석했으니 그 또한 위헌이라는 거죠.

헌재로부터 한정위헌 판단을 받아낸 A씨는 2013년 대법원에 재심을 요구합니다. 다시 판단하라는 겁니다. 하지만 대법원은 이를 기각했고, A씨는 대법원이 헌재의 한정위헌 결정을 따르지 않았다며 다시 헌법소원을 냅니다.

그리고 2022년 6월 30일 헌재는 대법원이 한정위헌을 따르지 않았다며, 다음과 같은 이유로 대법원의 재심 거부 결정을 취소합니다.

2022.6.30 헌법재판소 결정 이유 요지 중

헌법재판소가 법률의 위헌성 심사를 하면서 합법적 법률 해석을 하고 그 결과로써 이뤄지는 한정위헌 결정도 일부 위헌 결정입니다.

헌법이 법률에 대한 위헌 심사권을 헌법재판소에 부여하고 있으므로, 법률에 대한 위헌 결정 기속력(구속력)을 부인하는 법원의 재판은 그 자체로 헌법재판소 결정의 기속력에 반하는 것이고, 헌법의 결단에 정면으로 위배하는 것입니다.

법 해석은 법원의 것이라는 대법원

대법원은 헌재가 근거로 든 한정위헌 자체를 인정하지 않았습니다. 헌재가 25년 만에 대법원 판결을 취소하자 대법원은 7월 6일 입장문을 통해 강하게 반발합니다. 우리나라 사법부 양대 산맥의 충돌이 표면적으로 드러난다는 리스크가 있음에도 대법원이 직접 입장문을 낸 것인데, 그만큼 물러날 수 없는 사안임을 의미합니다. 대법원 주장의 핵심은 '법률 해석 권한은 온전히 대법원을 중심으로 한 법원의 것이지, 헌법재판소가 법을 해석하고 그에 따르라고 할 권리가 없다'는 겁니다.

2022.7.6 대법원 입장문

법령의 해석·적용 권한은 대법원을 최고법원으로 하는 법원에 전속하는 것입니다. 이러한 법원의 권한에 대해 다른 국가기관이 법률 해석 기준을 제시해 법원으로 하여금 적용하게 하는 등 간섭하는 것은 우리 헌법에 규정된 국가권력 분립 구조의 기본 원리와 사법권 독립의 원칙상 허용될 수 없습니다.

(헌재의 결정은) 대법원을 최종심으로 하는 심급제도를 사실상 무력화함으로써 국민이 대법원의 최종적인 판단을 받더라도 여전히 분쟁이 해결되지 못하는 불안정한 상태에 놓이는 등 우리 헌법이 전혀 예상하지 않은 상황을 초래할 우려가 있습니다.

대법원은 현행 헌법재판소법을 근거로 헌재가 권한에 없는 일을 하고 있다고 말합니다. 현행법에도 법원 재판 자체는 헌재의 심판 대상이 아니라고 돼 있는데, 헌재가 이른바 월권을 했다는 겁니다.

헌법재판소법 제68조 제1항은 헌법소원 범위를 설명하며 "법원의 재판을 제외하고 헌재에 헌법소원 심판을 청구할 수 있다"라고 밝히고 있습니다. 즉, 법원의 재판에 대해선 헌법소원을 낼 수 없다는 겁니다. 다만 헌재의 해석은 다릅니다. 기존 헌재 결정례를 거론하며 다음과 같이 한정위헌이 가능하다는 식으로 해석하고 있죠.

헌법재판소법 제5절 헌법소원 심판 중

제68조 (청구 사유) ① 공권력의 행사 또는 불행사로 인해 헌법상 보장된 기본권을 침해받은 자는 법원의 재판을 제외하고는

헌법재판소에 헌법소원 심판을 청구할 수 있다.

(중략)

[한정위헌, 2016헌마33, 2016.4.28, 헌법재판소법(2011.4.5 법률
제10546호로 개정된 것) 제68조 제1항 본문 중 "법원의 재판을 제
외하고는" 부분은, 헌법재판소가 위헌으로 결정한 법령을 적
용함으로써 국민의 기본권을 침해한 재판이 포함되는 것으로
해석하는 한 헌법에 위반된다.]

파워 게임, 누가 끝낼 것인가

대법원과 헌재의 관계는 오묘합니다. 대법원은 일반적으로 최고
법원으로 사법부의 우두머리 격으로 통하죠. 헌재는 우리나라에
서 헌법을 다루는 최상위 기관이란 점에서 높은 위상을 갖고 있
습니다. 게다가 박근혜 전 대통령 탄핵으로 더욱 존재감을 키우
기도 했죠. 딱 잘라서 누가 높고 낮냐를 판단하기도 어렵습니다.

이런 상황에서 '한정위헌'을 둘러싼 두 기관의 파워 게임이 하
루아침에 끝날 리는 없어 보입니다. 앞서 본 것처럼 우선 두 기
관 모두 양보할 마음이 없습니다. 헌재는 2013년에도 '헌법소원
대상에 법원의 재판을 넣어야 하고, 또 한정위헌 등의 기속력을
명시해야 한다'라는 내용의 의견서를 국회에 제출하기도 했습니

다. 헌재의 숙원이라 표현해도 이상하지 않습니다. 다만 대법원 입장에선 그럴 경우 헌재가 대법원의 상위 기관이 되는 격이라 용납하기 어렵습니다. 일선 법원의 한 판사는 "법원의 판결 자체를 건드리는 아주 근본적 문제인데, 법원이 받아들일 수 있겠냐"라며 "헌재의 위헌 심판 대상에 법원 판결이 명시적으로 있지 않은 이상 수용할 수 없는 문제"라고 말합니다.

결국은 입법부가 교통정리에 나서야 한다는 말이 나옵니다. 법조계 내에서도 대법원과 헌재가 서로 양보하고, 둘이서 원만하게 문제를 해결하라고 요구할 단계는 이미 지났다는 평가가 지배적입니다. 한 변호사는 "입법적으로 명확하게 해결돼야 할 문제인데, 정작 국회는 관심이 없다"라고 지적합니다.

두 기관의 파워 게임이 방치된다면 결국 피해는 국민에게 돌아옵니다. 앞서 본 A씨의 사례만 봐도 그렇습니다. 헌재가 한정위헌 결정을 내렸을 때 A씨는 재심만 신청하면 대법원에서 확정된 자신의 유죄가 뒤집힐 것으로 생각했을 겁니다. 하지만 대법원은 한정위헌의 효력을 인정하지 않고 재심 자체를 받아들이지 않았습니다. A씨가 그래서 다시 헌재에 위헌 소송을 내니 헌재는 대법원이 재심을 해야 한다며 다시 공을 대법원에 넘겼죠.

대법원의 입장은 앞서 나온 입장문에서 보듯 바뀐 부분이 없습니다. A씨가 또다시 재심 청구를 하더라도 또다시 기각될 가능성이 커 보입니다. 소송을 자신이 수행하지 않는 이상 변호사를 고용해야 하고 많은 비용이 듭니다. A씨는 얼마나 더 많은 시간과 비용을 투여해야 하는 걸까요? 스스로 포기하지 않는 이상, 이론상으로 A씨는 대법원과 헌재 사이를 쳇바퀴 돌듯이 계속해서 오가야 할지도 모르겠습니다. 이런 상황을 방치하는 것이 온당한지, 입법부와 사법부가 답해야 합니다.

우연이었습니다. 재판부가 그 법대에 앉고, 피고인이 그 피고인 석에 앉은 것은 정해진 절차지만, 제가 그 법정석에 앉게 된 것은 99% 우연이었습니다. 1년에 두 번 휴정기를 제외하면 매일 열리다시피 하는 재판 중 하필이면 그날, 그 피고인들이 법정에 선 것도, 제가 그 법정에 들어선 것도 우연이었습니다. 몇날며칠 형사 법정들을 오르내렸기에 가끔은 법정 경위들의 의심스러운 눈초리를 받기도 했습니다. 텅 빈 방청석에 홀로 앉아 법정에서 오기는 '말'들을 받아 칠 때면 이따금 피고인 측의 항의를 받기도 했습니다. 그래도 썼습니다. 누가 뭐래도 기자는 기록하는 사람입니다. 기록하는 사람으로서 기록에 남겨야 할 사건과 사람들을 보고 썼습니다. 우연을 필연처럼 기록했습니다.

　법정의 언어를 기록할 수 있는 것은 법조기자들에게 주어진 권리이자 의무입니다. 법조인이 아니라서 법을 잘 알지 못합니다. 다만 재판부의 표정, 피해자와 피고인의 숨소리까지 담으려고 노력했습니다. 그게 무슨 소용이냐고 묻는다면, 2년 동안 법조기자 생활을 하면서 읽은 40년 전 판결문을 떠올리게 됩니다. 전두환 정권 시절 억울하게 옥살이를 했던 피고인은 40년이 지나서야 재심 판결을 받고 자신의 무고를 증명해냈습니다. 제가 읽었던 1심 군사법원의 판결문과 재심 판결문엔 당연히 그 피고인의 삶에 대한 기록은 없었습니다. 사건 관계자들의 혐의는 판결문에 담겨 있습니다. 이 책은 공판 과정을 기술하면서 피고인들의 항변과 검사 측의 단죄를 보다 자세히 기록했습니다. 몇십 년 뒤에 짧은(?) 판결문만 보고 뭔가 더 궁금해진 누군가가 이 책을 읽고 '아하'라고 말해준다면 기쁘겠습니다.

제가 다닌 대학교 로스쿨 건물에는 벤저민 카도조 미국 대법관의 어록이 새겨져 있습니다. '상충되는 주장들 속에서 과거의 지혜를 배우면서 새로운 길을 닦게 될 것'이라고요. 이 책이 그런 거창한 길이 되지는 않겠지만 기사로 읽었을 때 미처 보지 못했던 부분을 볼 수 있게 된다면 더 바랄 것이 없겠습니다.

박희원

죄와 말

초판 1쇄 발행 2024년 12월 20일

지은이 송영훈 박희원
펴낸이 박경순
디자인 강경신
교정교열 공순례
펴낸곳 북플랫
출판등록 제2023-000231호(2023년 9월 12일)
주소 서울시 마포구 토정로 222 306호
이메일 bookflat23@gmail.com

ISBN 979-11-94080-04-6   03300